GILBERT COLLARD

PROTESTATION

Hugo Doc

34-36, rue La Pérouse
75116 Paris
Ouvrage dirigé par Clément Ronin

Photo de couverture : © Gilbert Collard
ISBN : 9782755694437
Dépôt légal : février 2022
Imprimé en France par Corlet
N° d'impression : 21121002

À mon épouse, à mes filles.

J'en avais marre ! Fatigué que j'étais du petit cinéma politique, des idiotes émissions de télé du matin avec les mauvaises mines de journalistes aux questions cons et prévisibles à un kilomètre médiatique ; fatigué d'être l'alibi supposé d'extrême droite, comme d'autres sont les alibis d'extrême gauche, de gauche et d'ailleurs, pour un système qui dévore tout au profit de sa durée, de sa rentabilité, et qui a transformé les hommes politiques en intermittents du spectacle – pis : en pitres malades de l'ego, en agités du narcissisme médiatique –, ah ! les m'as-tu-vu à la télé, c'est quelque chose… La vanité d'être vu n'épargne personne, pas même votre serviteur, mea médias culpa ! On est tous devenus fous du nombril. Vous imaginez, de bon matin, l'Apolline dans la tasse, le Bourdin dans le beurre : quelle tartine !

Le système a fait de l'homme politique un ectoplasme de vanité verbale qui n'exerce plus aucun pouvoir réel. Au fil d'un pauvre temps, il l'a flasquement abandonné aux juges, aux experts, aux migrants, aux marchés, aux multinationales, à Bruxelles, à la Cour européenne des droits de l'homme, au conformisme idéologique, à la bien-pensance, et enfin, à une bureau-technocratie infernale. Son écharpe d'élu pend comme la corde d'un pendu !

Voir la décadence de son pays, c'est une souffrance, mais faire partie, à contrecœur, en révolte, de l'intérieur du système, c'est une insupportable complicité, même involontaire. Qu'on se la raconte ou pas, c'est une concession. Et cela est odieux ! Comment dire, tellement c'est difficile à expliquer : c'est le spectacle politique – oui, c'est de les voir jouer, que dis-je ? de se jouer la comédie, alors qu'ils pensent pour beaucoup le contraire, ou qu'ils s'en foutent – qui est répulsif. Le cynisme alimentaire de la classe politique ne se cache plus : quand il n'y a plus de mandat dans la mangeoire du parti, ils changent, au nom des grands principes de la morale digestive, la lutte tranquille contre l'extrême droite ! Les exemples puent et pullulent : Darmanin, De Rugy, Ferrand, Le Maire, Bachelot, Valls… Lui, c'est le champion toutes catégories des revirements, des travestissements, des espagnolades politiques.

Et pendant ce temps, la démocratie devient le cimetière des morts-vivants électoraux enterrés sous le nom d'abstentionnistes dans la fosse commune.

J'avais quitté le Parlement, n'en pouvant plus de supporter les bêlements de la majorité présidentielle, bête à manger du foin, capable de se lever pour applaudir avant même qu'un orateur ait ouvert la bouche, capable de faire lire deux fois la même fiche à un intervenant, de dire oui et non dans la minute ; capable pendant des heures longues, lentes, d'ânonner des éléments de langage sur un ton augural, tout en ne comprenant rien, pas un mot. J'ai survécu à la présidence du crustacé De Rugy et à celle du mutualiste Ferrand avec un sentiment d'écœurement démocratique. À quoi bon être là puisqu'on ne sert à rien, tant majorité qu'opposition ? On est des faire-valoir, des alibis, des trucages démocratiques… On entre au Parlement profondément républicain, on en sort, si l'on est honnête intellectuellement… royaliste… mais sans le roi ! Quelle comédie, quel attrape-couillons ! Ce n'était pas brillant avant les élus de La République En Marche, mais depuis, on a touché le fond du fond. Avant, il y avait un petit talent oratoire, une petite présence de quelques députés, des échanges, des mots, des idées fatiguées, mais des idées tout de même ! Maintenant, c'est le Club Med, le rendez-vous des improvisés, la fête aux neuneus parvenus.

De mémoire d'employé du Parlement, et Dieu sait qu'elle en a à raconter des vertes et des pas sûres, on n'avait jamais vu des voisins de l'illustre chambre se plaindre du bordel que faisaient des députés ivres et enfumés, au point de menacer d'appeler la police !

Il fallait aussi entendre les confidences des chauffeurs sur ces ploucs qui exigeaient la sirène et le gyrophare pour épater le copain ou la copine, inexistants, bien sûr, dans le véhicule…

En même temps, la France se décompose, se délite dans un fracas de violence, de moquerie, d'humiliation, de reniement, et l'on ne peut rien faire, pour l'instant.

Les continuités vitales ne fonctionnent plus : plus de prolongement historique, culturel, sémantique, spirituel, démographique ; plus de prolongement familial, scolaire, universitaire, esthétique, poétique.

La France est entrée dans la discontinuité. Elle a par là renoncé à toutes ses « coutumes », dans lesquelles Lévi-Strauss reconnaissait « ces rites universellement répandus qui confèrent un caractère sacré aux démarches par lesquelles chaque génération se prépare à partager ses responsabilités avec celle qui la suit ». D'autres l'ont professé avant lui – Barrès, Mauriac, Camus, Malraux –, mais lui a, pour le moment, encore l'onction, alors autant s'en servir.

À dire vrai, j'en avais marre de l'irritante ambiguïté concernant la solution pour le pays. La folle pandémie nous avait apporté la grippette, l'inutilité du masque – plus tard utile –, la pénurie de gel et de masques, les surblouses fabriquées avec des sacs-poubelle, les contrats secrets avec clauses d'irresponsabilité, les seringues pleines d'oseille, les vaccinodromes sans vaccins, les hôpitaux sans lits de réanimation, le confinement claustrophobe, les policiers de la salubrité de salut public hygiénique, les amendes, et enfin le passe sanitaire, avec les bons et les mauvais Français.

Je voyais cette horreur d'un peuple prisonnier de ses propres peurs, enfermé dans l'enfer d'une administration juridicide, donc liberticide.

J'en avais marre !

Alors que faire, en dehors d'accepter de faire des émissions de télé par Skype, ce qui est inutile, sauf à remplir le vide par du vide ? La nature, paraît-il, a horreur du vide, mais la nature cathodique encore plus : elle a le vertige du vide, et elle fait le plein de tous les vides sonores, intellectuels, politiques… Un prodige de la physique médiatique !

Chaque fois que je questionnais une supposée intelligence, la réponse était toujours la même : « Je n'y comprends rien ! » Et ceux, supérieurs, qui comprenaient, comprenaient tellement qu'on n'y comprenait plus rien…

« Les Gilets jaunes ?

L'abstentionnisme ?

La crise de confiance dans toutes les institutions ?

La confusion idéologique ?

Le suicide identitaire, historique, culturel, éducatif ?

La tyrannie des minorités ?

La mort des mots ?

Le discrédit de la parole publique ?

Le renoncement à toutes les souverainetés ?

L'immigration folle ?

La finance féroce ?

La théâtocratie médiatique ? »

Autant de questions… autant de silences…

L'angoisse historique, trouble comportemental contemporain, m'étreignait. C'est quoi, Docteur, l'angoisse historique ? C'est un sentiment douloureux de ne pouvoir tisser un lien entre son passé, son présent et son avenir, d'avoir dû couper les ponts de la continuité du temps, d'être orphelin de l'histoire, d'être Pierre au chant du coq et de renier son héritage, non pas trois fois, mais cent fois ! Reniement des mots, de la langue, du vocabulaire français. Reniement des codes sociaux élémentaires, de l'identité sans laquelle on n'est qu'un objet volant non identifié dans le récit national, des évidences naturelles et respectables, des repères de nos pères et de nos mères. Soumission à la violence physique et religieuse radicale, soumission à la langue de bois, à la censure, au poids suffocant de l'audiovisuel, de la culpabilisation moralisatrice. Étouffement par l'atmosphère de délation, de lynchage, d'insincérité, voire de folie rédemptrice hypocrite, répétitive et pathologique. Les exemples pullulent comme morpions : des malades de l'imaginaire s'inquiètent du consentement de Blanche-Neige au baiser de son prince, veulent chasser le grec et le latin des universités, interdisent *Les Suppliantes* d'Eschyle à la Sorbonne… Au feu ! Aux fous ! On brûle les livres, déchire les tableaux, brise les statues, chasse les conférenciers. Des entomologistes d'anthologie veulent changer les noms des insectes pour cause de racisme… Pour qui sonne le dingue ?

L'angoisse historique, c'est aussi la peur panique du con officiel, du con au tampon, du con administratif journalistique qui sait tout ; du con moralisateur et truqueur, du con donneur de leçons, l'éveillé ! C'est la peur d'un monde à l'envers, du verbiage démocratique, du charlatanisme électoral, de l'artificiel, tristesse d'une Histoire muette, angoisse du vide, du désordre ordonné aux caprices des lobbies, des minorités triomphantes, qui, au sens propre, dictent la loi ; au sens mafieux, font la loi ! C'est l'alarme de n'être plus ! C'est l'insupportable oppression de l'anarchie politique, de la déraison d'État, des copinages entre cocus.

Que faire en neurasthénie politique ?

Je retrouvai alors un vieil ami pâtissier à la retraite, le roi du Paris-Brest, qui, pendant des années, avait tenu le salon de thé *Chez Calondre* à Vichy. Un salon de thé ? Dieu que cela fait vieillot, très Hercule Poirot, et en plus à Vichy, la ville d'eau et des maléfices de mémoire.

J'adorais ce salon, petit mais toujours plein, où le chuchotement faisait un léger bruissement de confessionnal. Un lieu de calme social, de gentilles manières. Chaque fauteuil portait une petite plaque au nom d'un habitué ou d'une habituée célèbre, rassurez-vous sans rapport avec l'Occupation, ni Coco Chanel, ni Mitterrand, ni Cocteau, ni Claudel, ni Lacan… Je retiendrai deux noms avant de vous avouer le rapport entre mon pâtissier et ma neurasthénie politique ; deux noms pour deux jolies histoires.

Un fauteuil de velours rouge portait le nom aujourd'hui oublié de Mila Parély… Et Dieu sait pourtant que les aristos et le populo avaient parlé d'elle : sa beauté un peu irréelle avait fait rêver les amoureux des corps à la réalité immatérielle.

Qui d'elle, aujourd'hui, en dehors des cinéphiles de sarcophage cinématographique, se souvient ? Presque personne. Et pourtant, *La Belle et la Bête*, *La Règle du jeu*, *Les Anges du péché*, *Mission à Tanger*, *Le Cavalier noir*, Renoir, Guitry, Cocteau… La grande histoire du cinéma qui avait encore l'air d'un livre !

Cette jeune Polonaise si fine, fine comme un songe, belle comme un reflet de soleil sur les nuages, exprima à merveille « l'irréalisme de l'irréel » que recherchait Jean Cocteau. Elle montrait une beauté translucide, un peu dans les nuages. Même Jean Marais (l'amant de Cocteau), son grand ami, n'y fut pas insensible, à ce que disent les alcôves. Ce serait le miracle de Mila…

Quand elle décida d'arrêter sa carrière, elle fit la rituelle révérence et se retira à Vichy, vieille ville pleine des fantômes et fantoches de l'Occupation. Tout un beau monde, aussi, après la guerre, au temps maudit des colonies, vint s'y divertir, prendre les eaux, épater la galerie des hépatiques et jouir des soirées équivoques dans des hôtels anachroniques. Le Tout-Paris pincé venait passer là ses vacances dans une chaleur étouffante, gobelet le matin, coupe à champagne le soir.

C'est donc chez mon ami pâtissier, dans son salon de thé, musée des vies passées, que je rencontrai l'égérie de Cocteau et l'amante… de Jean Marais. C'est dire que ce pâtissier est le digne descendant de Ragueneau et que son Paris-Brest valait toutes les tartelettes amandines !

Je ne vous raconte pas tout cela pour le plaisir de raconter, comme le faisait Giono en s'excusant par un « J'avais envie de le dire, c'est fait », mais pour la suite de l'histoire…

Un autre nom, celui d'une femme qui a dû être d'une infernale beauté sur les tiges aériennes de ses jambes. Son nom ? Secret d'oubli !

J'allais découvrir son extraordinaire histoire par hasard, s'il existe le hasard du hasard, ce que je ne crois pas, vu que la providence joue aux dés sur le tapis de nos émotions.

Avec la dame aux longues jambes, nous étions invités à dîner chez un ami dentiste. Elle était charmante, drôle, malgré la douleur d'un enfant très handicapé qu'il fallait assumer.

L'ami avait une marotte, il collectionnait dans une pièce aménagée en bar verlainien, avec du mobilier d'époque, des centaines de bouteilles d'apéritifs, de vins et spiritueux d'antan et d'aujourd'hui. Trônaient sur les étagères des bouteilles qui avaient dû voir la Commune de Paris, Verlaine et Rimbaud boire la sainte absinthe, et peut-être, si l'on rêvait, Raimu servir le Picon citron et confier à César la recette du mandarin. C'est une poésie que le voyage immobile dans le temps des choses.

Nous nous asseyons autour d'un guéridon d'époque, et la dame aux longues jambes mélodieuses et moi, en même temps, avisons, sur un rayon nappé d'une authentique poussière, une bouteille d'absinthe, une bouteille historique, verte comme le vert des herbes songeuses, vieille d'au moins quatre-vingts ans. On se regarde, on ose : on peut goûter ?

Le sommelier antiquaire prend la bouteille doucement, comme pour ne pas la réveiller, la dépose sur la table et, avec des gestes de bibliophile, la débouche. Oh féerie de la fée verte, quelle boisson dionysiaque !

Au troisième verre, on tanguait dans le ciel, on décrochait les nuages, on était ivres, d'une ivresse légère mais implacable. On parlait, on parlait, on flottait, on flottait… Et la chose se produisit… Je vis passer un chat noir et m'écriai : « Oh Bébert ! » (C'était le nom du chat de Céline.)

Ma voisine d'absinthe s'écrie alors : « Ah Bébert, Céline, que de souvenirs ! »

J'ai toujours porté à Louis-Ferdinand, le clochard troubadour des mots, le rageur des turpitudes humaines, une réprobatrice admiration. Dans ma soûlerie, je me disais : « Je délire ou elle a connu Céline… » Oui, elle l'avait connu, et bien, même ! Je me disais, en la regardant : « Qu'est-ce qu'elle a dû être belle ! » Pourtant, belle, elle l'était encore, comme la fin du jour garde la lumière.

Vous comprenez pourquoi, quand mon ami pâtissier me proposa d'aller confier ma mélancolie française à un moine dans un monastère bénédictin, j'acceptai, trop curieux de voir les mystères que cachait ce reclus.

Le mot Nastère

J'appréhendais, non que la vie monastique me dérangeât : enfermé à l'âge de huit ans chez les pères maristes pour en sortir à dix-sept ans, j'avais de l'entraînement ; ma chambre à coucher reproduisait l'intérieur d'une cellule de moine de la Grande Chartreuse ! Il m'aura fallu quelques années d'analyse pour comprendre…

J'appréhendais… de laisser… mon portable !

C'est dire à quel point on est ligoté par ce truc sans fil. C'était une angoisse du silence, de l'appel raté, les utiles, les inutiles, les futiles, les sérieux, enfin toute la clique sonore. On porte le portable comme un fardeau d'angoisse incertaine. Être ou ne pas être au bout du fil invisible ? Voilà la grande question métaphysique de ce siècle complètement fou ! J'ai raté un appel… Horreur et damnation…

J'arrivai par des routes difficiles, à travers le Comtat Venaissin, à un sommet sur lequel se dresse le monastère, dans l'encadrement du mont Ventoux. Où souffle le vent, souffle l'esprit ! Le génie du christianisme, c'est aussi l'intelligence esthétique des hauts lieux de la spiritualité.

On s'engouffre alors dans un autre monde où le bruit, l'immédiat s'arrêtent. Le cloître est un lieu de silence et de communion, une espèce d'aérodrome spirituel ! Tout grave con que l'on est, en arrivant ici, on se sent moins con, moins lourd, un petit je ne sais quoi de moins prétentieux, de moins durable.

Sur le pas de la porte, à l'entrée de la chapelle, le moine attendait dans sa robe noire, éclairée par ses yeux au sourire de sérénité. Il n'était pas très grand, mince comme un vendredi de jeûne prolongé, très raide, mais paradoxalement souple, flexible, presque, et surtout doté d'une voix paisible, une de ces voix creusées par le profond silence des méditations, une voix de refuge. C'est sublime, une voix qui protège comme un asile verbal.

On se dit tout de suite, en arrivant ici : « Pas de cinéma ! »

Quel repos que de n'avoir aucun cinéma à faire.

Le moine, frère Benoît, me fit glisser dans une pièce sombre, éclairée seulement par la fin du jour, et se présenta dans la simplicité de sa vocation. Il m'expliqua le fonctionnement du couvent, me laissant évidemment libre de faire ce que je voulais, sauf à respecter la règle collective : silence pendant les heures de silence, silence au réfectoire, nourriture monacale fort bonne, sauf le matin où le pain est de la veille, respect des horaires, promenades méditatives dans l'immense parc. À part cela, on vit comme on veut, comme on peut.

Et comme promis, tous les jours, comme disent les marins, on fait le point.

Mon ami, le pâtissier, n'avait pas dit un mot, mais il avait souri. J'allai donc, dans l'attente de l'heure du repas, découvrir ma chambre : bonne surprise, elle était spartiate, studieuse, sereine, joliment éclairée par un coin de verdure ensoleillé. Mon seul désagrément, qui n'avait rien de religieux, venait d'un gigantesque crucifix accroché au-dessus de ma tête dont je craignais qu'il ne se décrochât, ne descendît et ne m'aplatît !

Quelle tranquillité, dans ce silence continué, à côté des médiocres jeux des folies politiques. Mon ami pâtissier, prénommé Jean, vint me chercher pour le repas frugal. Au réfectoire, je me croyais dans un film d'*Harry Potter*. Silence, on mange ! *Age quod agis*, comme disaient les stoïciens : fais ce que tu fais, et fais-le bien ! Quelle paix de manger en silence, et surtout quel repos. Se taire, me taire, que d'économie d'énergie : si on savait, on la fermerait plus souvent ! Je ne sais si cette restriction permettrait de lutter contre le réchauffement, mais à coup sûr contre la pollution sonore de la connerie et le gaspillage de mots.

Bon, je ne vais pas vous raconter la monotone vie monacale, d'autant que comme le plus beau commentaire sur l'eau ne peut pas désaltérer, la plus belle histoire doit se vivre pour être.

Une question : qui est donc mon moine confident au nom du Père, du Fils et du Saint-Esprit ? J'appris sur lui, de mon ami Jean, plein de choses énigmatiques, étonnantes. Mais la vie des moines, comme celle des légionnaires de l'épique époque, est pleine de destinées compliquées : ils ne sont vraiment pas des gens ordinaires…

D'abord, vous l'avez vu, il se prénomme Benoît. Ensuite, il fut, avant de s'enfouir chez les bénédictins, médecin, anesthésiste, puis généraliste dans des quartiers pourris, par goût, aurait-il dit, de la simplicité des pauvres. Incroyable bonhomme, il fut, m'apprit mon pâtissier, psychanalysé par Jacques Lacan lui-même ! Je m'en rendis compte assez vite, à ses jeux de mots très lacaniens. Médecin, psychanalyste, moine, et… juif converti… comme Lustiger.

C'était trop pour le roman d'un seul homme, et pourtant c'était vrai, absolument vrai.

Le lendemain, après la messe à laquelle j'assistai, bercé gravement par la mesure grégorienne, je lui rendis enfin visite.

Première visite

Qu'allais-je bien pouvoir lui raconter ?

Je n'avais aucune envie de parler, je regrettais déjà d'être là et j'avais furieusement envie de partir. Dans la même année, j'avais perdu mon frère et ma sœur, et je portais la tristesse des occasions perdues, des incompréhensions, des fâcheries idiotes, des éloignements bêtes. Au regard de l'éternité, qu'est-ce qu'on est ridicule et con ! Au regard de l'irréversible adieu, qu'est-ce qu'on est inélégant faute de savoir pardonner : occasions manquées, pardons ratés, regrets assurés !

J'ai passé ma vie dans l'horreur du paraître judiciaire, sans avoir jamais le temps, le courage ou l'humanité, je ne sais, d'aller aux profondeurs de la vérité des souffrances. Peut-être fallait-il pour tenir ne pas trop descendre dans le puits des nuits humaines ?

Mais j'ai vu le vol rapace de ces horribles nocturnes ; je ne peux pas faire comme si cela n'était pas et, pourtant, je m'en veux d'une retenue de compassion à l'égard de cette humanité étrange, mais qui en dit si long sur nous-mêmes.

La porte s'ouvre et le moine souriant écarte les bras, la grande croix de l'amitié fraternelle, et me fait entrer et asseoir. La pièce est sombre, vieillotte comme un confessionnal palermitain, mais légère.

— Bonjour Gilbert, me dit-il. Bienvenu, tu es chez toi ici. Mon frère Jean, ce vieux fou de pâtissier, m'a dit que « tu en avais ras-le-bol » et que tu avais besoin de parler ; on est là pour les fatigués de la route ! Puis-je me permettre une question indiscrète ?

— Oui, bien sûr !

— Ta réponse n'aura aucune espèce d'importance sur notre relation, mais elle peut orienter la philosophie de nos échanges. Es-tu croyant ? Chrétien, bouddhiste, communiste (un rire), illuministe, athée, agnostique, nudiste ? Au demeurant, dans ma demeure, on s'en fout, sois du chemin sur lequel on parle, cela suffit ! Comme dit Lacan (tu connais ?), on est des « parlêtres », des êtres de parole, plus simplement. « Sur ta parole, je jetterai les filets », dit Pierre. « Sur ta parole » !

— Cher Benoît, je préfère t'appeler Benoît, plutôt que « mon père ». De père, j'ai Georges, mon père, mon vieux père aux mille livres, aux chevaux qui, pour notre ruine, partaient et n'arrivaient pas, à la belle tenue et aux yeux bleus qui n'avaient jamais froid, et celui qu'on appelle Dieu, comme dit saint Thomas d'Aquin. Je t'ai un peu répondu, mais pas tout à fait. Je suis quatre fois chrétien, mais aussi un chrétien contrarié ; d'abord par mon éducation française chez les pères maristes ; ensuite par mon écoute pastorale des évangiles, paroles sublimes, dont les vibrations vibrent jusqu'à nous à travers les siècles ; si Jésus n'était pas Dieu, il serait le plus puissant poète des temps ! Encore, parce que sur mon chemin trop de rencontres témoignent : l'abbé Jean Pirot, professeur d'exégèse, musicien et secrétaire de Pie XII, qui sur sa moto – quelle moto ! – alla baptiser ma sœur Jeanne à Domrémy, village natal de la sainte ; Jacques Fesch, l'assasaint ; Lanza del Vasto, qui corrigeait mes dissertations ; sœur Emmanuelle, la vieille amie ; Jean-Paul II, qui me donna la communion ; Monseigneur Etchegaray, que je faillis envoyer en prison ; tous les copains clochards célestes ; et mon vieux pote Jeannot, laïc, arménien, yogi, qui me fit lire l'évangile tous les jours et jeûner à coup de spaghettis et de vin rouge pendant le carême ; et aussi pour emmerder, dans les dîners mondains, le bourgeois admiratif du ramadan ! Enfin, parce que je crois que je crois, par la force des forces invisibles. Contrarié, pourquoi ?

Parce que les curés sont d'une mélancolie moderne tristounette, d'une banalité liturgique de Club Med avec le folklore, la guitare ridicule, la messe transformée en kermesse, l'affadissement du sens du sacré. On dirait des fonctionnaires, pas tous, certes, pas tous ! Et puis, je n'y peux rien, j'aime le son du latin au fond des ciboires, son murmure immémorial, cette lointaine présence psalmodique des siècles de foi chrétienne.

On a perdu le sens du sacré ! À certains offices, Dieu doit s'ennuyer.

J'ai même vu à la messe de minuit, la messe de l'émerveillement, à Saint-Gilles, grande route du pèlerinage vers Compostelle, le curé, affublé d'une peau de bique pour faire berger, oublier de mettre l'enfant Jésus dans la crèche ! On fait avec, mais c'est dur, ces lapsus... Trop de curés, à mon goût paroissial, sont des assistants sociaux, des sociologues d'église, parfois même des intermittents du spectacle ; mon Dieu, redonne-leur le sens du sacré, des sacrements, des mystères ; donne aussi un peu de culot à la calotte, qui en a bien besoin ! Attention, pas tous !

— Quelque chose m'intrigue, me dit mon moine, tu as failli envoyer le cardinal Etchegaray en prison, pourquoi, comment ? Excuse ma curiosité, mais c'est comme ça !

— En prison, c'est un peu exagéré, mais ce n'est pas loin ; je te raconte :

J'étais alors avocat. C'était dans les années 1970. Apalatégui, membre de l'ETA, assassin supposé du maire de Bilbao, avait été arrêté à Marseille ; il faisait l'objet d'un mandat d'extradition vers l'Espagne, c'est-à-dire, en ce terrible temps-là, vers la justice franquiste et son mortel garrot ! Il m'avait demandé de le défendre ; il fallait éviter, à tout prix, l'extradition, qui le traînerait inéluctablement à la torture et à la mort.

La procédure devant la chambre d'accusation, à l'époque, exigeait le respect d'un strict formalisme. On avait en ce temps-là des magistrats tout aussi prétentieux que ceux d'aujourd'hui, tout aussi petitement vaniteux, mais ils entretenaient une majestueuse qualité, au milieu des défauts freudiens et fonctionnels : celle d'appliquer la loi et le respect du droit. Aucun ne se serait permis des extrapolations ou des interprétations morales sur un texte. C'était encore une génération rigoureuse de droit romain. Jamais un jugement n'aurait fait la morale, encore moins la morale sociologique, politique ou médiatique ! Une décision, ce n'était pas l'étalage des bons sentiments des scouts de justice.

On était encore dans l'État de droit judiciaire. Cela étant dit, je me faisais peu d'illusions sur l'issue de la procédure ; la contrepartie de ce juridisme hermétique, c'était que la pression médiatique, politique, comme on le verra plus tard avec la scandaleuse affaire Battisti, n'agissait pas. Et notre chantage affectif aux horreurs du franquisme, à l'abomination de la peine de mort, n'avait aucun effet.

Le dossier, rien que le dossier !

C'était bien ça, l'horreur… Aujourd'hui, l'opinion médiatique, qui est un tripatouillage de l'opinion publique, inspire, dirige les juges. Il y a cinquante ans, les chats-fourrés ne tenaient aucun compte des bruits extérieurs. Ce qui ne les empêchait pas d'obéir aux ordres pour une petite décoration gagnée au champ d'honneur des heures courbées.

Il existait une condition juridique irréfragable à l'extradition : la description faite dans le mandat d'arrêt devait correspondre trait pour trait à la réalité physique de l'extradable. Et là, miracle, je constatai que, dans le descriptif, les autorités espagnoles affublaient mon client d'yeux noirs alors qu'il les avait d'un bleu prussien… À l'audience, je soulève la difficulté oculaire, et l'avocat général, perdu, soutient… qu'il existe des greffes d'yeux ! Pour le coup, les juges ont fait les gros yeux ! L'extradition devenait impossible, à la condition obligatoire de pouvoir donner une adresse chez un garant moral. J'avais quarante-huit heures pour trouver un domicile honorable à l'homme aux yeux bleus… sinon, extradition franco de port, danger de mort !

Les volontaires ne se bousculaient pas. Je désespérais de sauver cette vie. Je cherchai parmi les Basques de Marseille le Basque bretteur qui aurait le courage d'accepter ce fardeau, et j'eus l'idée de demander à l'archevêque de Marseille, Monseigneur Etchegaray, surnommé « le Che », basque à béret, basque à accent, basque à tradition. Franchement, il n'était pas enchanté, le brave homme, mais quel brave homme ! Même quel homme brave ! Il répétait, « le garrot », « Franco », « le garrot » ! Dans un tonnerre de roulements de rrrrrrrrrrrrrrrr, il me dit : « Vous êtes sûr qu'il ne va pas se carrrrrrapater ? »

Je le rassurai, sans trop savoir s'il se ferait ou non la malle. Le soir même, le supposé terroriste basque était assis à la table de l'évêque de Marseille comme Jean Valjean chez l'évêque de Digne, Monseigneur Myriel. Cette scène, à elle seule, rendait fous les journalistes, et les plumes s'envolèrent au vent du romantisme scolaire, si puissant en France, chaque plumitif anonyme se rêvant d'être Hugo ou Zola.

Quelques jours s'écoulèrent dans une tranquillité ecclésiale, puis un matin ensoleillé, le Basque n'était plus là, envolé, non sans laisser un mot de remerciements chaleureux… en basque !

Inutile de vous dire les difficultés dans lesquelles l'archevêque se débattit, mais il s'en tira très bien, et sa popularité marseillaise atteignit les hauteurs de Notre-Dame, la bonne Mère, qui, pour lui, était d'abord un sourire. Son maître n'avait-il pas choisi le bon larron ? Ce à quoi l'éminent prélat répondit avec sa gentillesse souriante : « Est-ce le bon larron ? », et il éclata de rire – quel rire ! – ; le rire, c'est la contrebande de l'âme ! Je garde de lui un merveilleux conseil sur la prière, qu'il me fit un soir de décembre alors qu'il neigeait et qu'on se réchauffait au bon vin rouge et à l'amitié : « La vraie prière, me dit-il, exige que nous cherchions à faire nous-mêmes ce que nous demandons à Dieu de faire. Nous ne pouvons prier que si nous sommes pleinement responsables de ce que nous disons. » Cette petite phrase a changé ma conception de la prière !

Puisqu'on vient de parler d'un cardinal, tu sais, Benoît, quel est mon rêve ?

Que le prochain pape soit un Africain : le cardinal Robert Sarah est mon candidat. Si j'étais cardinal, juridiquement un laïc peut l'être, je voterais pour lui : fumée blanche pour un pape noir, quel oxymore évangélique !

Benoît toussota, alluma sa pipe, tira une bouffée, souffla, bien sûr vers le ciel, l'encens d'un tabac flamand, et dit :

— Moi aussi, il est très bien, cet homme, un courageux de Dieu, et c'est ce qui nous manque le plus aujourd'hui. Il n'est pas dans l'air du temps ; c'est peut-être par cette force qu'il s'envole ? Il a lancé : « Ils nous menacent, ils nous disent : "Taisez-vous, vous perdez en popularité, vous êtes mal vus par le monde médiatique, vous risquez de perdre des fidèles…" Je ne suis pas là pour être populaire ! » Je crois que le monde sera sauvé par des anti-vedettes ! Toi, Gilbert, tu ne peux pas le nier, tu as toujours cherché à être populaire, vrai ?

« Qu'est-ce qui lui prend, me dis-je, de me chercher sur le terrain le plus sensible, celui du narcissisme politique et en tout genre, qui, avec les médias, a pris une dimension diabolique ? S'il s'imagine s'en affranchir avec son narcissisme de l'âme, son besoin de perfection angélique… Trop facile, mon père ! »

J'allais être un peu agressif, bêtement, comme chaque fois qu'on est agressif, quand il me chuchota :

— Désolé, mais c'est l'heure de sexte, je dois y aller.

— Aller où ? C'est quoi, « sexte », de l'escrime ?

Il éclata de rire, d'un rire franc et généreux.

— Je n'ai pas dit « sixte », mais « sexte ». C'est l'office du milieu de la journée, l'heure du milieu, l'heure du midi qui a fait écrire à Claudel : « Il est midi. Je vois l'église ouverte, il faut entrer. » Tu peux venir si tu veux, sinon on se retrouve au réfectoire ; comme ça te chante… en grégorien, bien sûr…

Et il s'en alla en rigolant, dans sa robe de bure.

Je me retrouve au réfectoire, un moine souriant m'accueille et me fait laver les mains dans une grande bassine qui a dû connaître Marie Madeleine. La salle est longitudinale, profonde, meublée de longues tables de chêne ; des moines y sont debout, devant l'assiette, en silence, dans le sublime silence des siècles de solitude. Je suis pris dans cet apaisement.

Je m'installe debout, à la place qu'on m'attribue ; d'autres laïcs patientent à la même table, figés dans un garde-à-vous embarrassé. Trois moines prennent place à une table, sur une petite estrade sans prétention ; l'un, plus important, trône au milieu : c'est le prieur, le chef ! Pour l'instant, ils demeurent tous trois debout. D'un coup, avec une grave harmonie, les pères entonnent le bénédicité en latin comme au temps de saint Benoît. Je n'y comprends rien, mais je ressens une puissance invisible, quelque chose, une force qui vient de loin. Dans un micro, une voix monacale psalmodie un texte édifiant, le lecteur est perché sur une sorte de chaire, il accompagne le repas silencieux d'une lecture tirée du livre du général de Villiers. Je découvre que manger en silence est un secret salutaire, un luxe bénéfique, en un mot, faute de mieux, un bonheur simple mais pas si simple dans notre monde d'agités électriques.

On mange bien, on prend le temps. Le silence embarrasse les novices. On le sait, Lacan le disait : le silence est une épreuve pour l'ego ; le diable a peur du silence !

À la fin du déjeuner, encore une prière, pour remercier Dieu de n'avoir plus faim, plus soif… Que d'humains, il est vrai, ont faim et soif !

Mon cher Benoît me proposa, en compagnie d'un autre frère, une promenade dans le parc ; ça tombait bien, j'adore marcher, ça me calme et je me sens modestement nietzschéen. Si Agatha avait vu ce parc mystérieux qui s'égare dans des bois et des chemins sombres, nul doute qu'elle en aurait fait le lieu d'une enquête menée par son trottinant Poirot. La marche est un salon ambulant, on y parle beaucoup.

L'actualité frappait sur mon téléphone à coup de bip bip : on ne parlait plus des Gilets jaunes, on ne parlait que de l'épidémie, des vaccins, du laisser-passer vaccinal ; on surnageait dans les informations contradictoires où chacun y allait de sa vaniteuse vérité pour qu'en fin de compte on ne sût à quel vaccin se vouer. Le Parlement, ce vase vide de la démocratie, ce minable rassemblement de ramollis bruyants recrutés sur Internet ou sur le radeau de la méduse des partis, avait voté, avec le ridicule de trois cents députés absents, le pass sanitaire. La grande idée juridique, la structure légale des libertés et son économie, venait d'être bafouée comme jamais en temps supposé de paix publique.

Je n'osais trop aborder le sujet avec mes moines pédestres, pour l'instant, d'autant qu'ils semblaient rétifs à la parlotte politique, en apparence du moins ! Notre promenade nous amena, en toute gaieté, chemin faisant, au milieu des marguerites et des coquelicots, vers le cimetière du monastère. Il y régnait une paix forcément éternelle. Une sœur, à genoux, était en prière, plantée là comme un relais. Les deux moines s'arrêtèrent un bref instant, le temps d'un petit bonjour de recueillement d'ici-bas à là-haut, et continuèrent la balade rurale.

L'autre moine, qui avait l'air d'être curieux comme un confesseur, me dit :

— Tu es avocat, c'est un beau métier, en même temps un drôle de métier, qui mêle le pire et le meilleur. Tu l'as exercé pendant combien de temps ? Quelle idée tu as de l'humanité ? Le diable, tu l'as rencontré ? Comment peut-on défendre un assassin ? La peine de mort ? La prison ? Tu crois à la réinsertion ? Et puis, tu n'en auras pas fini avec moi, il faudra aussi qu'on parle de la politique !

— Que de questions ! lui dis-je. On va en avoir pour un long moment… Je veux bien répondre, mais on va s'asseoir sur le banc, là-bas, sous le figuier, près de la vieille église, jusqu'à ce que le soir « approche et que le jour baisse ».

— Jolie référence aux *Pèlerins d'Emmaüs*, me dit Benoît, mais ce sera jusqu'à l'heure des vêpres ! Allez ! Accouche, comme aurait dit ce satyre de Socrate ! Avocat, pour quoi faire ?

Répondre faisait partie de la règle du jeu. Mais la question était difficile, non pas que je puisse ignorer au fond de moi les raisons conscientes et inconscientes de ma vocation, mais il est des vérités qu'on a du mal à se dire. On est tellement plus tranquille dans le secret des sources.

— Bon, dis-je, je te demande pourquoi tu es moine, moi ? Tu sais, ce métier, je l'ai aimé, mais aujourd'hui, il porte le soleil noir de la mélancolie, ce n'est plus ça ! Est-ce la nostalgie du vieux con ? Peut-être bien, peut-être pas, on peut être vieux et pas mécaniquement con… On peut être con et pas systématiquement vieux ! N'empêche, ce métier n'est plus ce qu'il était ! Mais quel métier est encore ce qu'il était ? Autrefois, jusqu'à la longue expiration des années Chirac, on faisait ce métier par amour du verbe, il y avait encore une envie d'éloquence ; je ne parle pas, bien sûr, des avocats d'affaires qui, eux, baragouinent en chiffres et en pourcentages, mais des avocats encore croyants des mots. On croyait en l'efficacité de la parole parce que survivait un humanisme, fruit d'une lente, longue tradition, presque une attitude culturelle ; oui, une attitude incompatible avec l'actuelle technocratie des juges plus directeurs de conscience, plus petits profs de morale vaniteux de l'hermine que tiers désintéressés, que juges du droit.

À part quelques notables exceptions, le juge d'aujourd'hui fait plus du commentaire social que du droit. Sa tâche première est de dire le droit ; il ne doit pas être un distributeur ou un exécuteur des règles de conduite. Aujourd'hui, la lecture de certains jugements ressemble à des articles du *Monde* ou de *Libération* ; parfois, c'est *Voici* ; parfois, c'est *Gala* ; voilà ! Et le plus grave, c'est qu'ils n'écoutent plus – tu me diras, qui écoute qui aujourd'hui ? On écoute surtout le téléphone des autres… Bismuth et suppositoire ! Ce n'est pas à toi que je vais apprendre le latin, *audi alteram partem*, des Grecs jusqu'aux Romains, d'Aristote à Cicéron, on a dit et répété : « Il faut écouter l'autre côté ! » Les magistrats grecs prêtaient serment d'écouter chaque partie avec la même attention. On en est loin aujourd'hui, et c'est bien triste !

Mes deux moines, figés dans l'attitude attentive, recouverts d'une pénombre nuageuse, ont l'air étonné et ressemblent à ces mimes immobiles sur le pont des Arts.

Benoît sort de sa posture pétrifiée et me dit :

— Tu n'exagères pas un peu ? Tu crois vraiment que nous avons atteint l'aboutissement de la contemplation contemporaine de soi avec cette surdité institutionnelle ?

— Oui, et c'est de pire en pire !

— Tout cela nous éloigne de la question des raisons de ton engagement, et saint Thomas d'Aquin ne veut pas qu'on s'éloigne de la question…

— J'y reviens, mais, tout de même, c'est utile de savoir qu'on vit dans un monde de sourds administratifs, sourds comme du papier timbré, un sinistre guichet ou un tampon têtu teigneux.

— Bon, alors, avocat pourquoi ?

— Il faut, je crois, remonter aux temps du pensionnat pénitentiaire chez les pères maristes, ces braves pères que j'ai tant maudits ! Pour d'obscures raisons de tranquillité et de tradition familiale, je me suis retrouvé à l'âge de huit ans derrière les hauts murs de l'institution Sainte-Marie, vouée à la fabrication insubmersible des officiers supérieurs et généraux de la Marine nationale, dite aussi « la Royale » ! On portait, du reste, l'uniforme bleu des officiers avec la casquette et la cape en guise de manteau – déguisé un jour, déguisé toujours –, voire la robe comme cambriole inconsciente vestimentaire, sait-on jamais ? Le premier soir, un dimanche – je hais depuis les dimanches –, Père et Mère m'emmenèrent jusqu'à la gigantesque porte d'entrée du bagne. Sur le seuil, dans la nuit descendante, un prêtre en soutane d'alors, le Père supérieur, le père Soulier, attendait les nouveaux.

Chacun à tour de rôle recevait son numéro de matricule et se voyait imposer un petit pèlerinage dans le pénible escalier obscur jusqu'à une solennelle plaque de marbre, presque funéraire, encadrée de couronnes de laurier, où figuraient, gravés, les noms de tous les amiraux sortis de l'école ! Une fois devant le mausolée maritime, le Supérieur grogna : « Tenez-vous droit, bras croisés, deux pas en arrière ; voyez cette liste glorieuse, vous êtes ici pour que votre nom soit là ! » Pour moi qui ai toujours eu le mal de mer, c'était un projet vomitif.

Je pensais impressionner mes deux moines par mon récit, j'oubliais seulement que j'avais affaire à des professionnels heureux de la discipline !

— Maintenant, je vais vous raconter la méchante histoire qui est, je crois, du moins d'après Lacan, à l'origine de ma vocation. En plus, cela va vous plaire, il y est question de népotisme et de cardinal…

À ce moment, la cloche retentit, c'était l'heure des vêpres, qui, pour moi, ne sont que siciliennes… Les moines se levèrent lentement et, presque mécaniquement, rejoints par d'autres et dans un mouvement de fourmilière, marchèrent vers l'église vespérale.

De mon côté, je rejoignis ma chambre et, fatigué, je m'endormis – sans me faire prier, bien sûr – jusqu'au lendemain. Vous ne pouvez pas savoir comme le silence repose !

Deuxième journée

Le lendemain, je retrouvai au petit déjeuner Benoît Emmanuel, qui était très curieux d'entendre la suite de mes aventures, mais, silence oblige, je ne dis pas un mot jusqu'à la promenade. À peine avions-nous démarré nos sandales apostoliques qu'il m'interrogeait.

— Alors, que s'est-il passé ?

— Donc, j'étais depuis quelques années aux galères à La Seyne-sur-Mer, près de Toulon, port militaire depuis Louis XII, qui éleva la Tour royale. J'étais qualifié de forte tête et de mauvais esprit, ce qui fait beaucoup pour un seul homme à confesser. Puni toujours, j'étais collé, pour Pâques, pour Noël, et surtout les samedis, jour de permission. Pour sortir, il fallait totaliser sur son carnet cent quatre-vingts points ! La moindre indiscipline – parler dans les rangs, ne pas croiser les bras – coûtait dix points ; mal parler, mal travailler faisait perdre aussi des points ; les notes pour les devoirs, pour l'étude comptaient. Autant dire que j'avais rarement les points requis pour visiter, en prenant le car pour aller à Toulon puis le chemin de fer à charbon jusqu'à Marseille, gare Saint-Charles, mon abandonnatrice famille. Je garde de ces punitions un seul bon souvenir, celui d'avoir partagé ma solitude, dans la cour d'automne et d'hiver, vide avec ses platanes perdus, avec mon frère d'abandon, Antoine Sollacaro. Je le retrouvai quelques années plus tard… au banc des accusés à Lyon, pour l'attentat autonomiste de Campo Dell'Oro ! Sa révolte corse, je le sais, vient de ces années où, faute de moyens, il n'allait dans son île qu'une fois par an ! Qui dit mieux ? Puis il devint avocat, un grand avocat, puis on l'assassina… Qui, on ? Salauds ! Terrible fin pour ce rebelle, mais bien dans l'histoire tragique des bandits corses !

J'arrive à mon histoire. Parfois, j'avais – miracle ! – mes points pour sortir le samedi à 17 heures. Je m'étais fait beau, tignasse rasée réglementaire, bel uniforme bleu nuit bien repassé, fière casquette d'officier, ancre de marine dorée au revers et comiques culottes courtes qui cassaient en deux l'effet guerrier. J'étais content de rentrer chez moi pour voir ma vieille chienne paralytique, Gina, un caniche de cirque fidèle que je craignais qu'on n'euthanasiât… Mais, avant d'être certain de pouvoir sortir, il fallait franchir une ultime épreuve, une dernière porte de l'enfer, qu'un prof pervers punitif de latin avait inventée dans sa tête chauve de sadique : la sabatine… Vous allez me dire, c'était quoi la sabatine ? M. Guerini – paix à son âme professorale perturbée – faisait le dernier cours avant le départ et il avait décidé d'organiser un examen fatal pour celui dont le nom sortait d'un tas de petits papiers ; le malheureux élu devait… parler latin… Rien que cela ! Sinon, catastrophe, il était, par décision arbitraire, collé ! Autant dire que, rarement, lorsque j'avais sur mon permis mes cent quatre-vingts points, j'appréhendais le tirage au sort qui pouvait m'empêcher de sortir, car j'étais bien incapable de parler latin. Et voilà qu'un destin cruel s'acharnait sur moi, chaque fois que j'avais mes points, merde ! Mon nom se dépliait sur ce foutu fatal papier. Et le prof de me dire avec un sourire sauvage : « Collard collé ! » Oh qu'il était content, le con ! Ça se voyait sur la lumière lugubre de son visage. Chaque fois, c'était mon nom que le sort tirait ! J'avais beau avoir treize ans, je n'étais pas complètement con et je ne croyais pas à la malédiction du samedi, même si j'avais du mal à imaginer qu'un professeur puisse tricher par méchanceté. Mais j'étais à la recherche d'une solution sans savoir celle que j'allais trouver en me fiant au hasard de l'improvisation, qui souvent vaut mieux que tous les plans. Un samedi que j'avais mes points, j'entrai en classe, déterminé ; tout est là, la détermination, même si l'on ignore à quoi on est déterminé. Je vois sur la table le tas menaçant de bouts de papier. Je le regarde, il me regarde. On se mesure. Le prof tout de latin vêtu entre, on se lève, on s'assied ; il se frotte les mains, toussote, sourit de son sourire de supériorité stupide et annonce : « Sabatine ! » Il s'avance vers le paquet de papiers, mélange, en prend un dans ses deux doigts efféminés, le déplie… déchiffre en clignant des yeux, sourit, pose le document sur le bout du bureau, me regarde et dit : « Collard *loquere latinum* ? » Non, merde, encore moi ! Je me lève, et là, je ne sais pas ce qu'il m'a pris, mais j'ai eu l'audace d'une intuition – oui, dans le contexte disciplinaire de l'époque, il fallait oser –, j'ai eu le culot de pousser le prof, d'aller jusqu'au bureau alors qu'il essayait de m'en empêcher et de m'emparer du bout de papier et de vérifier le nom… Je lis : « Tisserant ! » Merde, c'était le nom du neveu d'un cardinal, et pas n'importe lequel, Eugène Tisserant, proche ami du pape Jean XXIII, académicien, agent secret en Palestine, ami de Lawrence d'Arabie et affublé d'une barbe orientale et de milliers de livres rares !

À dire vrai, cette biographie, je m'en foutais ; j'étais furieux, révolté, cocu pour la première fois de ma vie, institutionnellement cocu ! Ce donneur de leçons en latin trichait, mentait, punissait injustement pour le plaisir, peut-être aussi lâchement pour ne pas froisser la famille du cardinal, et moi, je trinquais. Je ne regrette pas ce que j'ai fait : je lui ai mis une baffe ! La première, la plus belle, la plus cathartique, en lui disant : « Collard t'en colle une ! » Il avait la joue droite toute rouge ; il s'étouffait et je hurlais : « Tisserant ! Ah, le cardinal ! Tricheur ! *Loquere* mon cul ! Pas honte ! » Il s'était replié contre la poubelle tout en se protégeant le visage. La classe, sens dessus dessous, braillait, riait, se moquait. Soudain, silence ! Mais alors, un lourd silence, un silence sévère, le père préfet, Bob, un athlète, venait d'entrer, alerté par le bruit et la fureur ; il s'empare de moi gesticulant des pieds, des mains, du gosier, m'entraîne dans une classe ; je m'explique, montre la pièce à conviction, crache mon indignation avec d'autant plus d'indécence que j'espérais bien me faire renvoyer. Bob reste calme. Il me regarde et me dit : « Quatre choses. La première, on ne lève jamais la main sur un professeur : un mois de cachot. La seconde, un mois d'autorisation de sortir pour réparer l'injustice. La troisième, privation de latin : plus de cours de latin avec ce professeur, tu t'en remettras. La quatrième, on ne te renverra jamais, même si tu mets le feu. Compris ? »

Benoît Emmanuel, qui avait lui-même connu l'injustice, semblait choqué, sincèrement, mais à la manière des curés, avec cette participation théâtrale qui affecte toutes les activités, ici compassion priante, à l'exception des gens simples, des braves gens, comme on dit, qui sont nature par nature. Je me suis toujours amusé à voir un psychanalyste qui écoute ; on dirait du Rodin, du grand *Penseur* ; on le repère à une lieue nautique de l'inconscient. Le moine, c'est pareil, on le dirait assis dans un confessionnal, à l'affût de la petite histoire vénielle, prêt à bondir sur un péché secourable.

— Et alors, me dit Benoît, explique-moi ce qui, dans cette histoire où le prof est un sale mec, un minable, a déterminé ta vocation ? Tu imagines que cela m'intéresse, les mystères d'une vocation !

Je pensais que l'histoire se suffisait à elle-même, mais non, j'allais donc expliciter.

— Tu vois, Benoît, je ne sais pas ce qui dans ta vie a fait de toi un moine, peut-être me le diras-tu un jour ? Je suis certain que c'est un événement inaperçu des autres sur le moment, mais aux répercussions psychologiques dont les ricochets ne cessent de faire des ondes émotionnelles toute la vie. C'est comme ça, le magasin de porcelaine des émotions, on y casse des morceaux jour et nuit.

Pour moi, l'attitude de ce petit pervers narcissique m'a fait comprendre d'un coup et pour toujours l'ambivalence du petit pouvoir, les vilenies secrètes qu'il recèle et tout ce qu'un salaud peut en faire pour faire du mal, tricher, trahir, se montrer. Un dépucelage institutionnel radical. De ce jour, j'ai regardé tout détenteur d'une autorité comme un danger, un tartufe névrosé à débusquer. Le petit pouvoir du petit flic, du petit juge, du petit contrôleur, du petit journaliste, du petit tout petit méchant administratif armé de son tampon moderne est destructeur. Alain avait bien raison de se méfier des pouvoirs et de vouloir organiser partout des contre-pouvoirs. Ce qui manque le plus dans notre démocratie théorique, ce sont les vrais contre-pouvoirs. Le député pourrait être, s'il n'était un faire-valoir, un défenseur des droits, tribun de la plèbe ! Il pourrait accompagner, soutenir le citoyen dans les moments difficiles, dans les confrontations hiérarchiques possiblement humiliantes, dans les rapports avec l'autorité. Je suis pour que chaque député ait le statut de défenseur des droits ; aujourd'hui, il ne sert qu'à blablater sur les droits de l'homme sans droits. Le juge, garant des libertés individuelles, au regard de ce qu'on voit tous les jours, n'est le garant de rien du tout.

Oui, cette séquence scolaire a fondé ma vocation d'avocat ; j'ai toujours été pour l'individu contre les représentants salariés des institutions gonflés de vanité refoulée, la pire. Pas contre lesdites institutions, mais contre ces fréquents pitres indignes de servir. J'en ai tellement vu à l'œuvre basse. Toujours fiers d'être des prothèses du pouvoir, préfet, procureur, président… J'en passe pour ne pas lasser. Il y a toujours, c'est une donnée statistique, un constat sociologique, une fatalité quotidienne, le con de service au service d'une administration aussi conne. C'est l'abruti kafkaïen ! Il sait tout, n'écoute rien, entêté comme un turban, rigide comme son règlement qui règle sa vie, jaloux, justicier, vindicatif, pas humain mais « humanitaire » : un paon philanthropique. C'est le fléau français !

Benoît prit la parole :

— Il en faut, pourtant, des fonctionnaires, et on ne peut pas tous les mettre dans le même panier ; c'est comme partout, il y a les bons et les mauvais, les cons, les pas trop cons et les pas cons du tout.

Tu as raison sur un point, c'est que le citoyen de base est un peu démuni face aux caprices administratifs, aux méchancetés personnelles, politiques, voire, je l'ai vu, aux vengeances multiples. On peut construire deux protections, une historique, la conscience d'accomplir une tâche d'État, mais pour cela il faut l'école, l'éducation, quelque chose de l'ordre d'une noblesse de travail, du sentiment, qui s'oppose à l'improvisation, et des recours réels, rapides, indépendants, assortis de sanctions.

Rien de plus facile pour un fonctionnaire de faire durer, de faire revenir, de réclamer papier sur papier, de chicaner. C'est insupportable ! Au fond, je crois – j'aime bien ce mot –, je crois que le Néron administratif est un névrosé, qu'il faut lui faire peur ou le tracasser… administrativement : écrire, réécrire, insister, se plaindre, geindre, toujours poliment, obséquieusement. Bon, il faut du temps, mais on traite le mal par le mal, l'emmerdeur par l'emmerdeur, le borné par le borné, le tatillon par le tatillon : ça marche, ça épuise l'adversaire ; il y a de l'angoissé chronique chez le tyran du tampon, faut y aller !

— Ce n'est pas très chrétien d'agir ainsi, dis-je, en fait de tendre l'autre joue, c'est le coup de pied au cul !

Ma réflexion, un rien triviale, provoqua la réaction du moine soldat.

— Ah, la tarte à la crème de l'autre joue, le Nietzsche de service ! Quitte à te décevoir, les choses ne sont pas aussi simples, et il ne s'agit pas d'être un chrétien tête à claques ; je n'imagine pas Clovis, Saint Louis, Bayard, Turenne, Vauban, Péguy, Bernanos, Rémy (fondateur du réseau Notre-Dame), De Gaulle, Leclerc et d'autres tendre l'autre joue ! Cette parabole a donné lieu à des interprétations tendancieuses, notamment chez Nietzsche. Le verbe « antisthénien » a un sens fort que ne rend pas suffisamment la traduction habituelle : « Ne pas résister au méchant ! » Jésus est loin de conseiller une capitulation, une fuite ; il veut que son disciple fasse front, mais pas en adversaire (anti). On devrait traduire : « Et moi, je vous dis de ne pas vous opposer en adversaire au méchant », on évitera bien des malentendus. Ça change tout ! Le reste est, comme l'enseignait l'abbé Jean Pirot, professeur d'exégèse au grand séminaire de Marseille, la parabole dans sa ligne un peu rigide qui ne doit pas être acceptée comme un sens propre. Il enseignait ceci : « On n'accomplirait pas la pensée de Jésus en présentant la joue gauche. »

Je venais d'apprendre quelque chose que les curés gnangnan avec guitares, pétards et colliers de fleurs ne m'avaient jamais expliqué.

— Je prends note que le sentiment d'injustice est à l'origine de ta vocation, me dit Benoît, mais quelle idée tu te fais de la justice d'aujourd'hui ? Après, il faudra que tu m'expliques pourquoi tu as progressivement quitté la défense pour la politique et, damnation – il se signe, en rigolant –, au FN…

— La justice, aujourd'hui… Drôle de justice pour moi, enfin, pas drôle du tout !

Je ne sais si en France tout finit par des chansons, mais tout commence, désormais, grâce à des articles inspirés par des mains anonymes et gantées de mort-aux-rats médiatique. Les journalistes d'aujourd'hui, affublés du titre d'enquêteurs – on pourrait ajouter de police –, n'ont qu'à « relever le courrier », la boîte noire des lettres à dénonciations.

On est loin de l'époque où le journaliste n'avait, selon la formule d'Albert Londres, qu'un seul guide, celui des chemins de fer… Désormais, il ne bouge plus, immobile avec son mobile, scrutant le ciel obscur et attendant le vol des corbeaux sur sa tête pour qu'il y soit chié la dernière information à la mode. Le réceptacle privilégié étant aujourd'hui Mediapart avec les horribles moustaches staliniennes du propriétaire, Edwy Plenel… Il aura, celui-là, donné ses lettres de cachet au journalisme policier en le baptisant « journalisme d'investigation », alors que c'est du journalisme postal ! Il se dit aussi « lanceur d'alerte », alors qu'il est la première source d'information de la police, officialisée par le système, qui l'utilise pour ses coups médiatiques.

Attention !

On va entrer dans un monde minable sur le seuil duquel il faut perdre toute espérance. Un espace intemporel, appartenant à l'univers des reptiles et des ordinateurs, des anthropophages et des réseaux sociaux, des inquisiteurs et des vicieux faussement vertueux.

Ayez peur ! Vous ne pouvez imaginer de quoi ils sont capables pour conquérir et garder le pouvoir, ces malades qui ne se savent pas mortels.

Autrefois, pour éliminer un adversaire politique, l'assassin utilisait le poignard, la corde, la dague, le poison parfois, comme dans l'affaire des Templiers, le juge tout rouge, le psychiatre aussi, comme chez le Père des peuples, la violence simple, brute, comme chez les nazis ; aujourd'hui, raffinement oblige, l'assassin emploie une décoction diabolique, le juge et les médias… le juge et l'assassin !

J'annonce la couleur, je n'ai pas peur, mon but est de démontrer qu'on tue politiquement, aujourd'hui, à coup de juges et de journalistes. Ce n'est pas pour rien que la presse, sous toutes ses formes, est entre les mains des gros cigares. Ils ont tous acheté leur fusil à réputation ! Ce qui ne les met pas forcément à l'abri des haines voisines et concurrentes.

Il faut remonter dans le temps pour comprendre la diabolique copulation presse-pouvoir-procureurs-juges, vu que le monde ne s'est pas défait en un jour.

Autrefois, le juge était une chose obéissante mais pas militante, et surtout il n'avait aucun accès aux médias. Il était dans sa tour d'ivoire et il lui était impossible de voir plus loin que le bout de sa décoration ou de son avancement. Il avait un narcissisme de carrière, d'audience, de posture, de prétention souvent puante, mais, faute d'accès, aucun narcissisme médiatique. La discrétion était le secret de la réussite, puis vint, nous allons le voir, l'indiscrétion comme recette du succès !

Pour que les choses commencent à changer, il a fallu un juge affublé d'un bec-de-lièvre opéré, dont la carrière était un échec et qui végétait à Bruay-en-Artois où rien, jamais, ne devait arriver… Il buvait beaucoup ; je confesse que pour dissiper la tristesse du lieu, et oublier, il n'y avait pas mieux.

Donc, le juge Pascal, pour le nommer, s'ennuie en son palais de justice gris, triste et silencieux, lorsqu'il apprend l'assassinat de Brigitte Dewèvre, une gamine pauvre du pays des corons.

Un enfant, en jouant dans un terrain vague, découvre le cadavre de sa sœur, Brigitte, quinze ans, étranglée et mutilée.

Sur le moment, le juge n'entrevoit pas la puissance scénarique de l'affaire, mais très vite, aidé par un journaliste du coin, buveur de coin de table comme lui, il comprend que la lumière va luire sous la forme des projecteurs, des flashs et des foules.

Le notaire est mis en cause, parce que notaire, parce notable, parce qu'adepte de pratiques sexuelles collectivistes que les bonnes mœurs hypocrites d'alors condamnent ; parce qu'il est le personnage puissant et prêteur que le peuple des mines déteste ; aussi parce qu'il ment pour cause de discrétion bourgeoise de cul sur son emploi du temps. En un mot, du bon gibier médiatique, même si, en 1970, cette idée est encore dans les limbes lubriques des rédactions. L'image, l'idée même du notaire fut déterminante pour l'écriture du scénario médiatique ; ce serviteur hypothécaire du capital, c'était forcément un salaud ! Du reste, la vieille fripouille de Sartre, spécialiste en salauds, bondit sur l'occasion et réclama, avec Serge July – oui, le gentil July de LCI – des tribunaux populaires... On l'a oublié ! Pas très joli, le July, à ce moment-là !

Le juge Pascal, au mépris de toutes les règles alors encore respectées, va se montrer, se pavaner, parler, jusqu'à l'indigestion, violant le secret de l'instruction en le faisant hurler de douleur médiatique.

Le 13 avril 1972, le juge Pascal, frère de Gavroche, devient par impératif biblique et hugolien de communication « le petit juge » qui lutte contre le Goliath des pervers puissants. Cette expression de « petit juge » fera fortune rhétorique, et Pascal fera plein de petits Pascal petits juges !

Il accède à la gloire médiatique en arrêtant et incarcérant le notaire Pierre Leroy pour homicide volontaire. Un notaire en prison, ça n'a pas de prix !

D'un coup, l'affaire, que Chabrol aurait pu inventer, devient politique et hisse le juge sur les barricades informelles de l'imaginaire révolutionnaire. Des militants maoïstes (oui, l'espèce a existé), qui piétinaient sur place dans l'attente d'une longue marche, se mobilisent. Quelle aubaine pour tromper l'ennui que la chasse au notaire. Un comité « Vérité et justice » est créé à l'initiative de deux anciens mineurs de fond qui exigent une « justice populaire » !

Miracle, Sartre, le Zola frustré de l'affaire Dreyfus, le Voltaire raté de l'affaire Calas, se joint à eux... Qui dit mieux ?

L'affaire devient un fait divers national. Il s'agit du premier grand feuilleton criminel du petit écran. Le juge d'instruction, avec sa tête de lune, envahit les lucarnes et se hisse au statut de « personnage central de l'affaire, au point d'engendrer une affaire Pascal complètement autonome du crime de Bruay » [1].

Enfin, de guerre médiatique lasse, le 20 juillet 1972, la Cour de cassation dessaisit le juge hystérique au profit de Jean Sablayrolles, un calme de l'ancienne école, qui innocente le notaire.

Mais le mal était fait, « les petits juges » vont proliférer, polluant la scène médiatique et… judiciaire ! L'ère du narcissisme des Néron de prétoire s'ouvre…

Désolé, Benoît, de vous imposer cette généalogie, mais elle est indispensable pour comprendre l'état actuel des relations entre pouvoir judiciaire, pouvoir médiatique et pouvoir politique.

Le juge Pascal, juge fou, dingo de l'ego, a depuis fait des petits juges. Par ordre d'entrée en scène (je n'évoque que les vedettes, pas les gloires de province, tout aussi pernicieuses), on a eu d'abord le juge Jean-Pierre, qui, après avoir pourchassé les politiques, a voulu faire de la politique. Il s'est illustré dans l'affaire Urba. C'est une constante névrotique chez ces juges de refouler le désir d'existence politique jusqu'à la frustration haineuse. À tel point que l'on peut se demander si, derrière ces carrières nombrilistes, la jalousie n'est pas un moteur : la jalousie du politique !

Trop de juges souffrent d'un complexe social d'infériorité dû au choc brutal des apparences et de la réalité : un juge, c'est beaucoup au tribunal

1. Claire Sécail, *Le Crime à l'écran*, Nouveau Monde Éditions, 2010, p. 242.

sous son carnaval de robe noire, rouge ; c'est peu en dehors, très peu, presque rien, un quidam comme les autres et qui le supporte mal. C'est pour l'ego un choc thermique trop violent !

Les uns s'en accommodent, les autres pas, et ceux-là sont très dangereux, d'autant qu'à dire d'expert, Casamayor, ils sont « et depuis une longue histoire, souvent prétentieux »[2]. C'est qu'ils arrivent de très loin, de très haut, ces besogneux diplômés de l'école de la magistrature ; ils descendent des pontifes de droit divin, « pour n'être plus que l'enfant inavoué d'un flic ou d'une infirmière, d'un préfet ou d'une doctoresse, et rentrer chez eux en métro. Dure, la vie de juge, être tout, n'être rien » ! Cette frustration de prestige des « petits pois » punitifs explique beaucoup de comportements agressifs et aussi la syllogomanie des décorations : un juge sans décorations se sent comme un arbre de Noël sans guirlandes ! Peut-être qu'un peu plus de prestige institutionnel comblerait cette soif de reconnaissance et les apaiserait ?

On l'a vu, constaté, il existe une jubilation à condamner du politique, surtout de droite, du Sarko ou du Fillon. « Leur déformation professionnelle est de voir le mal partout – sauf en eux, bien entendu. Existe-t-il une âpre volupté de la sévérité ? » Cette angoissante question, c'est Laurent Lèguevaque, un juge défroqué, qui la pose dans un livre hélas étouffé : *Un juge s'en va*[3] !

2. *Les Juges*, éditions du Seuil, p. 182.

3. Éditions de l'Archipel, 2005.

Vanité des vanités, tout juge en vue serait-il vanité ?

Examinons encore quelques cas cliniques : Eva Joly, Vychinski, Halphen, Lambert… Et, phénomène extraordinaire, maintenant, le mal atteint les institutions. Dernière en date : le parquet national financier ! On est donc passé du stade individuel de la névrose politico-narcissique au stade collectif…

— On va regretter l'Inquisition, s'amuse Benoît.

— Mais retournons chez l'entomologiste pour examiner le cas d'Eva Joly. À l'époque de son inquisition judiciaire, elle était escortée dans l'accomplissement de ses œuvres par sœur Vichnievsky, souvent vêtue de cuir noir. Un mot sur cette dernière, plus discrète mais pas moins ambitieuse. Les deux femmes se sont payé publiquement Roland Dumas, Loïc Prigent, Christine Deviers-Joncour, « la putain de la République »…

Vichnievsky a tout fait pour faire de la politique, tout et n'importe quoi ! Et même beaucoup voyagé…

Aujourd'hui, elle est députée Modem, investie par La République En Marche, et vice-présidente de la commission des lois, rien que ça : elle a pris le train d'En Marche !

Avant, elle a vécu à Marseille, près de la Canebière, pour être candidate aux législatives et faire… 2,6 % ; puis conseillère régionale dans le Var, puis dans le Puy-de-Dôme, puis, un bref moment, porte-parole des Verts ; tantôt capable de fusionner avec le PS et le Front de gauche, tantôt, un peu, beaucoup, passionnément à droite, à gauche et un peu partout. Vous imaginez le refoulement d'ego ? Et, bien sûr, l'inévitable passage par la rituelle pratique de la rédaction laborieuse d'un livre illisible, intitulé *Sans instruction* ! On est juge, tout de même, faut le rappeler... Vous imaginez la jalousie rentrée, les brûlures sataniques d'estomac avant d'être élue ?

Revenons à son acolyte, sœur Eva de l'incorruption ! Elle aussi va profiter, voire abuser, de son statut symbolique de magistrat qui confère par analogie le bénéfice des vertus allégoriques de la justice : on appelle cela un vol d'emprunt !

Celle qui allait devenir l'idole comique des Verts cosmiques devint française par mariage et intégra l'école de la magistrature en 1981, l'année rose, en réussissant au concours exceptionnel d'entrée qui ne comportait aucune épreuve, fort heureusement pour elle, de culture générale ! L'honnêteté oblige de signaler à l'avantage de son CV et de l'absence de tout culte des apparences pulpeuses qu'elle fut troisième au concours de... Miss Norvège... Vous me direz, quand on s'appelle Joly, on a des excuses, et Eva en plus. Un peu exhibitionniste, tout de même, et pas peu fière de son anatomie.

Je ne sais comment, mais après une période plate, elle atterrit au pôle financier du tribunal de grande instance de Paris, en 1990. Va comprendre les mystères et boules de gomme des promotions...

Ouvre les yeux, le spectacle continue : jusqu'alors tristement inconnue, elle va dénicher l'occasion de faire parler d'elle, ce qui est très rentable, tu vas le voir.

Comment ? Si tu veux bien me suivre, cher Benoît, en caméra cachée dans l'antre alchimique des réussites, tu vas comprendre. Dans l'éprouvette, tu mets une bonne affaire politique ou à connotation politique, un Dumas, un Juppé, un Sarko, un homme politique ou une femme de bonne dimension, un ou deux journalistes, si possible de gauche, qui serviront de relais, qui lanceront l'affaire, feront un livre et qui, en contrepartie des infos, serviront la soupe ! La lutte contre les puissants servant de thème de fond à l'opéra médiatique, une musique qui, comme la fanfare militaire d'autrefois, emballe toujours le péquin du petit écran avachi sur son divan.

Les trois mamelles maléfiques du journalisme de compromission étant le téléphone portable, la violation du secret de l'instruction par les fournisseurs et le renvoi d'ascenseur. La caricature de ce système égotico-financier est Edwy Plenel, le directeur en chef du bureau de poste des dénonciations, l'enquêteur justicier !

L'opinion du regretté Pierre Péan, lui un vrai journaliste d'investigation, vaut le détour : « Attendre sur son bureau les PV des juges, ce n'est pas ce que j'appelle de l'enquête, mais de la simple gestion des fuites. Le journaliste devient un pion, rentrant dans les objectifs des uns et des autres, devenant l'outil de vengeance ou de stratégies judiciaires. Je revendique de prendre l'initiative, je ne suis pas un auxiliaire de justice, je n'ai pas besoin de la justice pour déterminer le sujet de mes enquêtes. »

Pour ces manœuvres, utilise de préférence la presse écrite, la presse audiovisuelle se contentant de suivre, le mimétisme étant devenu la règle des rédactions de perroquets ; chacun répète avec certitude unique ce que l'autre a fièrement annoncé.

Ce que je dis là est aussi valable pour les avocats, bien sûr.

Quelques dîners discrets en ville et hop à la besogne, à la Bastille, le jour de gloire ! C'est ainsi aujourd'hui, c'est à la jauge médiatique que l'on pèse le poids du juge, non pas à la réalité de sa compétence, de son travail. Celui d'Eva Joly, presque un nom de scène, fut lamentable. L'affaire Elf ou celle des frégates de Taïwan, qui lui valurent grande renommée de reine incorruptible, se soldèrent par un fiasco judiciaire. Son principal trophée, le mot cynégétique n'est pas déplacé car il s'agit bien de chasse judiciaire à l'homme connu, fut Loïk Le Floch-Prigent, qui pour n'être pas un saint n'est pas non plus un gibet de potence médiatique.

Elle cracha des phrases terribles, moches, qui en disent long sur son inconscient de sainte géhenne. Au sujet de la détention : « Il faut bien attendrir la viande. » Au sujet de DSK : « Je le connais, je l'ai mis en examen ! » Cette petite phrase est ignoble ; elle révèle une minable volonté de domination, un mépris sadique, une prétention institutionnelle prothétique inouïe. En raison même de son pouvoir, un juge ne devrait pas dire cela, c'est trop moche !

À compter de ce déchet de phrase, je me suis posé l'angoissante question : que cache l'inconscient d'un juge qui fait qu'il veut être juge ? Quel plaisir prend-il à juger ? Comment peut-il se sentir capable de juger ? C'est un acte – juger autrui – qui suppose, même chez les plus modestes, une certaine prétention, non ?

J'ai connu les pires juges cons, même pas dignes d'un mur, les pires salauds, les pires partisans, les pires malades, mais aussi de sublimes humains, simplement de braves gens, mais je reste persuadé qu'il faut une certaine dose de folie narcissique pour oser juger, toute sa vie, du matin au soir, ses semblables. La seule thérapeutique, c'est que le juge se sente soumis à la loi, ce qui devrait amener la censure impitoyable de toute interprétation personnelle, morale, politique, éthique de la loi. Que de juges se foutent de la loi, l'interprétant, en toute tranquillité, comme ils veulent.

Je n'ai pas oublié l'Eva, au contraire, même, je ne pense qu'à elle. Son heure de gloire advint avec l'affaire Deviers-Joncour, abondance de biens, dite « la putain de la République » ; elle lui permit d'accrocher à son harpon norvégien le président du Conseil constitutionnel, Roland Dumas, en trifouillant entre culottes, paires de bas et porte-jarretelles, elle débusqua les fameuses pompes, les Berluti, les chaussures chic, chères et qui faisaient du bruit !

Histoire risible, que seul un juge d'instruction peut revêtir du cuir de la gravité d'une qualification pénale sans passer pour un comique. Pourquoi vous dis-je tout cela au sujet de l'égérie verte ? Elle est l'exemple même des vertus d'emprunt qui n'existent que par transsubstantiation fantasmatique de la fonction idéalisée, à la personne ; elle est la preuve du spectacle histrionique du juge, de sa dérive narcissique sur les ruines de la décomposition du monde moderne de la justice. Il n'y a pas qu'elle, certes ! Mais pourtant, à l'époque, nul censeur ne s'offusqua de ce que je vais conter au sujet de l'ancienne lauréate norvégienne d'un concours de beauté et Miss Monde de la lutte contre la corruption : elle a été conseillère d'un équivoque personnage politique corrompu, affairiste, surnommé M. 20 % et ancien président contesté de Madagascar… Le lascar se nomme Ravalomanana ! Il serait, selon Régis de Castelnau et d'autres, « l'un des dirigeants les plus corrompus d'Afrique » !

Et voilà, où il y a de la gêne, il n'y a pas d'espoir médiatique ; là-bas on fraye avec la corruption, ici on ferraille contre elle ; pas belle la vie ? comme on dit ! C'est vraiment le beau temps des tartufes judiciaires, et encore le vieux corbeau en croix est dépassé, en ce sens qu'il limitait sa fourberie hypocrite à l'église, aux simagrées, à la fausse dévotion, mais nos tartufes d'aujourd'hui règnent sur la morale laïque, républicaine, médiatique, éthique, politique, voire même religieuse, par le biais naïf de l'exemple à suivre, et punissent ; tartufe est un menteur, un voleur, mais il n'a pas le pouvoir du punisseur, de l'emprisonneur ! Les modernes tartufes, eux, oui ! C'est la sainte menotte !

— Pourquoi tout cela ne se sait-il pas ?, s'indigna Benoît.

— Mais parce que la marchandise médiatique est une denrée protégée ; elle est rentable ! On ne peut pas, après avoir fait consommer à toutes les sauces journalistiques de l'Eva Joly, décréter que le produit est avarié, inconsommable, frelaté ; c'est une question de commerce, tout simplement ! Et puis, il ne faut pas discréditer le produit, au risque de jeter le doute sur les nouveaux…

La visite guidée dans les catacombes de ces consciences du bien ne s'arrête pas là, sinon on pourrait croire à un cas unique ; on en est loin. D'autres spécimens empaillés dans les paillettes médiatiques existent, qui valent le détour. Le juge Halphen, par exemple, qualifié, lui aussi, de juge anti-corruption – comme si l'on pouvait être juge pro-corruption ? Aujourd'hui, on ne sait plus qui sait, tant mieux ! Mais il a eu son heure de gloire.

Il aurait sans doute moisi dans les poussières de ses médiocres dossiers s'il n'avait eu la bonne fortune, alors qu'il était juge d'instruction à Créteil, d'hériter d'une affaire concernant les marchés des HLM de la Ville de Paris. Autre chance dans la malchance : à la faveur de cette enquête surgit une sordide histoire en forme de guet-apens tendu au juge par le truchement de son coquin de beau-père…

Didier Schuller, un des principaux inculpés, prouve par un enregistrement de la PJ que le beau-papa du juge, le Dr Maréchal (aucun rapport avec Marion), se fait fort, contre monnaie, d'influencer son gendre… Drôle de famille, tout de même ! C'est un flagrant délit d'extorsion de fonds, ni plus ni moins.

On peut avoir un Maréchal dans la famille sans être collabo… Le juge, déstabilisé un moment, est sauvé du torrent de boue par la cohabitation. Mitterrand vole au secours du gendre du Maréchal, normal pour Mitterrand, et le drape dans les voiles protecteurs de la sacro-sainte fourberie de l'indépendance de la magistrature. Et voilà, le tour de passe-passe est joué : qu'importe le beau-père perfide, le gendre, la combine, le juge – parce que juge – est décrété victime d'une courtelinesque manipulation. Le dossier, dont il sera finalement dessaisi, sera tout de même en grande partie annulé par la Cour de cassation ! Ce qui n'empêchera pas le juge nul, annulé, de faire parler de lui. Comment ? La plume dans le cul ne faisant plus recette, il l'a mise dans l'encrier pour écrire en pleine campagne présidentielle, au mépris de l'obligation de réserve, un torchon contre Jacques Chirac.

On retrouve là, chez ces juges acharnés à lutter contre la corruption politique, une sacrée envie du pénis politique. Leur vindicte judiciaire serait-elle de la jalousie ? De l'ambition refoulée ? Serait-ce des ratés refoulés ?

Et voilà notre Halphen qui, croyant à la victoire de la gauche, rejoint Jospin et se met en disponibilité temporaire ! Le culot, le courage prudent du disponible. Finalement, faute d'accueil bienveillant chez Jospin, il alla crier famine chez… Chevènement, qui lui offrit une place en or électoral à la députation. La circonscription était imperdable ? Il la perdit, gagnant l'écharpe du ridicule. Battu et donc échoué tel un phoque sur la banquise des urnes, il se soigna l'ego au mercurochrome de l'écriture en tartinant d'insipides romans et d'idiotes nouvelles que nul ne lut.

Comme il fallait bien se nourrir, le candidat sans électeurs, l'auteur sans lecteurs, réintégra la magistrature des mandibules. Beaucoup auraient été honorés d'être l'incapable ainsi choyé ; lui cria à la persécution politique. Là, tout le monde se marra ! N'empêche, malgré ses affichages politiques, le pauvre hère électoral retrouva pour le malheur des justiciables un poste de juge d'instruction où sa grande neutralité put s'en donner à cœur joie !

Que l'on se comprenne bien, si je t'invite dans cette galerie qui glace, c'est pour bien faire comprendre, presque anatomiquement, la perversion narcissique de certains juges ophtalmoscopiques, les meilleurs étant ignorés du grand public !

Et le juge Lambert vint…

Avec lui, on atteignit les sommets de l'entonnoir de la folie judiciaire narcissique. Tout le monde connaît l'affaire dite du petit Grégory ou, par métonymie, de la Vologne. S'il y avait encore des ignorants, Netflix se sera chargée de les informer. Je pars donc du principe que le dossier est connu du grand public.

Ce petit juge, il doit toujours être petit pour être grand, fut décoré devant la cour d'assises qui jugeait Jean-Marie Villemin par l'avocat général de « funambule de la pensée » ! Rien que cela ! L'avocat général, en cette audience, se demanda : « S'il avait conscience des catastrophes dont il avait été indirectement la cause ? »

Ce crétin de justice – paix à son âme, même sa fin tragique par un suicide le 11 juillet 2017 n'interdit pas la vérité – alla jusqu'au bout de sa carrière, et c'est ce qui, pour lui, comme pour beaucoup d'autres inconnus, fout la trouille. On retire le permis de conduire, mais pas le permis de juger ; c'est grave !

J'insiste, malgré ce que je vais te conter : le farfelu a continué à juger pendant... trente ans ! Mon inquiétude fut celle aussi d'un journaliste qui lui demanda : « Avez-vous pu juger sereinement ? »

Il osa répondre : « Honnêtement, oui ! » Voilà la réponse de celui-là même qui avait écrit *De combien d'injustices suis-je coupable ?*

Le farfelu farfouillait ses dossiers dans son palais de justice perdu où rien jamais n'arrivait, quand éclata l'affaire du petit Grégory. Sur le moment, deux journalistes s'intéressent à l'affaire, encore provinciale : Bezzina de RTL et Jean-Claude Hauck du *Républicain lorrain*. Très vite, par les effets mystérieux de l'alchimie de la communication, la presse nationale s'excita et accourut. Le flair journalistique du charnier sent la bonne affaire : la mort d'un enfant, d'un petit enfant, peut-être noyé dans un fleuve lugubre, sur un fond de paysage à corbeaux, les pleurs des parents, la pluie, les voisins, les familiers, les lettres anonymes... Que du bonheur !

Encore ignoré du monde hier, le juge Lambert va enfin luire.

Ce magistrat jeune, livré à lui-même, va accomplir un massacre judiciaire à la tronçonneuse médiatique. Tout de suite, il succomba à l'érotomanie de la médiatisation, au point de commenter sa propre enquête, en digne émule de son ancêtre, le juge Pascal.

Il parle, il parle, il glose de sa drôle de voix grave perchée dans une grosse tête sur les auditions, les gardes à vue, les géniales hypothèses et les inculpations mortifères. Il ponctue chaque phrase que gobent les micros par un sourire niais et incompréhensible. Du cœur de l'horreur, il feuilletonne son enquête pour la foule médiatique compassionnelle ; il est fou ! Hier encore, il n'était rien ; aujourd'hui, par l'assassinat d'un enfant, par la grâce d'un criminel, il est enfin quelqu'un, ruisselant de la lumière idiote des projecteurs. Il est le « petit juge » ! Magie inconsciente de l'oxymore biblique, David contre Goliath, sauf qu'ici le géant n'existe pas, il est l'imaginaire d'un leurre journalistique.

Pauvre juge qui va se tromper tout le temps : il met en examen Laroche, le cousin, l'incarcère, le libère et, indirectement, provoque son assassinat…

Le juge qui rêvait d'être connu trempe sa plume dans le sang de la Vologne et commet un livre intitulé *De combien d'injustices suis-je coupable ?*… L'émission de Bernard Pivot constitue un document ethnographique d'une profonde portée psychiatrique. Je vous invite à regarder sur YouTube cette confession d'un juge narcissique ! « C'est un coup du destin, cette extraordinaire médiatisation », déclare-t-il. Et il ajoute, fier : « Nous sommes tous devenus des stars ! » Ah, le con !

Ce qui m'inquiète, c'est que l'on n'a tiré aucune leçon de ce cas apparent, parmi d'autres, qui est forcément le chêne qui cache la forêt des fous judiciaires. On n'a rien fait, comme toujours, par crainte du corporatisme qui, chez les juges, est un vrai trouble narcissique.

— Finalement, intervint Benoît, tout se ramène à ce « foutu amour-propre », très sale, dont parle Raymond Aron ; il est aujourd'hui démultiplié dans ses délires par la médiatisation et tous ses produits dérivés, fantasmés. Le juge qui n'y prend pas garde, garde aux juges, n'a plus rien d'un juge, c'est une chose narcissique ; comme plus rien ne le surplombe, ni dieu ni maître, ni responsabilité ni culpabilité, ni comptes à rendre, il est dans l'ivresse de la toute-puissance. J'aimerais être le psychanalyste d'un juge ou le confesseur, on doit voir des choses monstrueuses enfouies. Comment avoir la prétention de passer toute sa vie à juger ses semblables sans être fou ? Saint Luc prévient : « Ne jugez pas et vous ne serez pas jugé ; ne condamnez pas et vous ne serez pas condamné. »

Tu me fais rigoler, me dit Benoît, il en faut, comme il faut des éboueurs, des flics, des croque-mort, des eaux-de-vie, j'en passe et des pires ; tu imagines une société sans juges, sans policiers ? La vie commune serait impossible ; comment faire ? J'ai mon idée :

Les former à l'humilité, oui, on devrait donner des cours d'humilité, à la grande politesse ; leur imposer une responsabilité personnelle ; les soumettre à des contrôles psychologiques réguliers. J'ai lu, et ne va pas y voir un retour de la vieille hantise cléricale contre la dépanneuse masturbation, j'ai lu, de mes yeux lu, que pendant une audience un juge avait été surpris par un journaliste en train de se masturber sous sa robe noire… Ça a provoqué un incroyable branle-bas de combat au ministère où l'on a fourni l'explication : le branleur était en mi-temps thérapeutique… Oui ! En mi-temps thérapeutique ! Cela fout la frousse…

— Oui, je connais l'histoire, et depuis rien n'a changé. Quand l'État est faible, quand le pouvoir politique est ramollo, le juge ne connaît plus aucune séparation des pouvoirs et n'en fait qu'à sa tête politique, syndicale, idéologique, médiatique. Il ne fait plus du droit, il fait de la morale, et la pire de toutes : la morale politique, humanitaire, syndicale. On a un bel exemple de cette toute-puissance monstrueuse, le parquet national financier, parquet politique, parquet sur lequel les carrières glissent et se fracassent, comme celle de feu Fillon.

Après les aveux de Cahuzac, Hollande cherchait une riposte propre pour blanchir l'honneur socialiste entaché. L'événement avait été extraordinaire : un ministre des Finances fraudeur, menteur, qui, les yeux dans les yeux de la bigle représentation nationale, jura son irréprochabilité ! J'y étais, je l'ai vu, ah le culot, nous y avons cru, cocus que nous étions, et en représentation nationale en plus.

Hollande a trouvé dans ce parquet national financier une parade purement politique aux effets dévastateurs de l'affaire Cahuzac sur la gauche morale. Peu lui importait de créer un monstre juridique contre la fabrication frankensteinienne duquel de nombreux magistrats s'élevèrent, sans résultat.

— Lesquels ? demanda Benoît.

— On peut en citer deux, hélas réversibles, c'est comme ça qu'on est insubmersible dans la carrière : d'abord, Molins, le très fluet ambigu procureur antiterroriste, carriériste, qui, par la suite, se ravisa ; puis Blachon, qui signa même une pétition… Depuis avisé, il s'est ravisé, il est même devenu le… numéro deux… du PNF !

— Il n'y a que les imbéciles qui ne changent pas d'avis, marmonna Benoît.

— À ce stade, changer d'avis, c'est même très intelligent, très stratégique, j'appelle cela la promotion girouette, pirouette, cacahuète. Tu parles de conviction ! Au fait, le Molins *nolens*, il s'est retrouvé promu procureur général près de la Cour de cassation…

— Je veux bien deviner par déformation professionnelle le démon partout, mais en quoi ce PNF est-il un instrument politique ? Donne-moi des preuves, des faits, insista Benoît. Du concret, comme l'exige saint Thomas d'Aquin, le réel réellement, adéquation de la pensée et des choses, *notitia rerum* ! Tu comprends ?

— Si tu sors saint Thomas de son somme, je suis mal, dis-je. Bien, je réponds. Ce parquet est politique parce qu'il n'est pas indépendant, parce que les procureurs sont nommés, choisis par le pouvoir en place. Quand on sait l'importance des nominations, des progressions, des décorations chez les magistrats et chez les autres, on n'a plus aucune illusion sur l'indépendance. Si on devait en douter, il suffirait, pour n'avoir plus de doute, de relire la circulaire du 31 janvier 2011 qui déclare : « Le PNF a vocation à connaître des affaires susceptibles de provoquer un retentissement national ou international de grande ampleur. »

Retentissement de grande ampleur ? Qu'est-ce à dire, sinon qu'aucune affaire médiatique, très souvent politique, donc, ne pourra échapper aux dents du requin judiciaire ?

—J'ai du mal à comprendre comment la machine fonctionne en pratique, me demanda Benoît qui avait l'air de découvrir un monde méphistophélique. Si je comprends bien, le critère de compétence de ton PNF est en dehors de toutes les prudences juridiques ; sa compétence, c'est la fureur, le bruit, la délation, les cymbales médiatiques, les décibels radiophoniques. Il suffit qu'une rumeur, une accusation prenne une forme journalistique jouissive, qu'on en parle parce qu'on veut en faire parler, pour que le mauvais tour soit joué ? Si tu as un journaliste qui allume la mèche, le bûcher s'enflamme et la victime brûle d'abord de réputation, c'est le plus important, et après vient le reste, corps et biens. Je crois que de toutes les corruptions intellectuelles, la plus périlleuse pour la paix sociale est assurément celle de l'esprit juridique ; elle donne aux pires vilenies une apparence majestueusement légale. C'est le sommet de la tartuferie d'État. En plus, comme la viande du « tous pourris » se vend bien dans les boucheries médiatiques, ça doit marcher.

— Non seulement cette viande-là, mais aussi celle de la lutte contre les puissants, barbecue assuré, c'est souvent bien fait, c'est souvent injuste, mais la vente est assurée.

Oui, tu as compris, et les emmerdements commencent : enquête, articles et compagnie pour des mois, des années, avec la paralysie, pendant l'hibernation judiciaire, de la carrière ! Eh oui, les juges, pas tous, certains connus, reconnus, estampillés, sont devenus des acteurs politiques, ce qui est dramatique pour la confiance. Allez vous étonner après ça qu'un Français sur deux exprime sa défiance…

On a institutionnalisé une justice d'opinion médiatique manipulée ! Or, depuis Platon, on sait que l'exigence de liberté, c'est la résistance à l'opinion ! Une justice de guet-apens ! De règlements de comptes politiques entre amis ! Au secours !

Le mécanisme est simple, facile à utiliser dans une structure de presse ploutocratique et étatique, elle appartient à des milliardaires et l'État subventionne avec nos impôts. Faut pas être naïf : si l'État, en réalité Macron, garantit un prêt de quatre cent soixante-cinq millions d'euros pour le groupe Lagardère, mal en point financièrement mais propriétaire d'Europe 1, de *Paris Match*, du *JDD*… si Lagardère ne vient pas au remboursement, l'État, lui, y viendra à hauteur de 80 %… Vous imaginez que ce groupe stipendié ne sera pas la groupie de Macron ?

Dans ce système prébendier, cyniquement capitaliste, la justice est un instrument de règlements de comptes et le journalisme, souvent, une simple boîte aux lettres à corbeau.

Je devine à la moue du moine que quelque chose le dérange dans mon propos.

— Qu'y a-t-il ? Quelque chose te gêne ?

— Oui, deux choses : la première, quel est l'instrument technique qui permet cette manipulation ? La seconde, je trouve que tu fais peu de cas de la conscience professionnelle de ces hommes et de ces femmes, de leur équilibre, de leur bonne volonté d'être de bons juges ! Excuse-moi de te le dire brutalement, mais il ne faut jamais tomber dans le systématisme moderne : il est trop bête, trop réducteur, il construit un emmurement de surdité entre les hommes.

— Oh mais je vais te répondre, puisque tu te fais l'avocat du diable. D'abord, sur la technique, ensuite, sur la bonne conscience.

La technique, elle est simple, elle repose sur la violation radieuse du secret de l'instruction, dans l'impunité la plus totale.

Je vais te conter la fabuleuse histoire psychiatrique du parquet national financier, et après on évoquera l'affaire Fillon, ses mystères, ses haines et le bon usage de la violation du secret comme arme fatale ; le grandiose règlement de comptes qui fit du funèbre Fillon une compote politique. Cette histoire est une parabole de la manipulation judiciaire, au sens où le grand Leonardo Sciascia l'entendait. Il y a aussi l'affaire Sarkozy, où le secret des avocats a été violé, défoncé, comme dans une tournante.

Imagine qu'on foute sur écoute le secret de tes confessions, c'est pareil !

Et voilà que le soir commençait à tomber, comme un rideau sur mon histoire détestablement humaine, un beau soir serein, sous un ciel idéal, léger comme l'été.

— On reprendra demain, dis-je, connaissant maintenant la règle.

Troisième journée

Le lendemain, on se retrouva pour continuer notre dialogue.

— Alors, me dit Benoît tout souriant, on entre chez les fous, enfin d'après toi, d'autant que s'il n'y a pire fou que l'amoureux, il n'y a pire fou que le haineux !

— Mais je n'ai aucune haine, je constate, c'est tout ! Écoute, après tu me donneras ton avis et on discutera, d'accord ? Attention, on n'est pas dans une cour d'école, on est dans l'antre d'une institution aux pouvoirs terribles.

Dans une lettre rédigée le 17 janvier 2019, le vice-procureur Patrice Amar dénonçait à la procureure générale de Paris Catherine Champrenault, sa supérieure hiérarchique, Éliane Houlette. Oui, rien que ça, ça balance dans la balance ! Il la soupçonnait de vouloir enterrer les affaires en pratiquant l'obstruction systématique.

Attention, c'est du lourd, du compliqué. Il faut être attentif pour pénétrer les circonvolutions complotistes du vertueux vice-procureur devenu enquêteur détective. Il reprochait à Éliane Houlette d'avoir tardé à ouvrir une information judiciaire lorsque, le vendredi 14 février au soir (c'est forcément le soir que sortent les forces du mal), le juge Serge Tournaire (un numéro, celui-là !) informait le PNF d'écoutes téléphoniques entre… Nicolas Sarkozy et… son avocat, Thierry Herzog, et… un ancien haut, très haut magistrat perché dans la carrière, Gilbert Azibert ; ces écoutes laisseraient entrevoir « la possibilité d'un trafic d'influence ».

Attention, au bout de combien de mois, d'années, de siècles, l'information fut-elle ouverte ? Au bout de… neuf jours ! Trop long pour être honnête… Sous la lumière cafarde de sa lampe de bureau, bien enfermé, le vice-procureur tape sur son clavier corbeau ces quelques lignes : « Contre toute attente, Madame Houlette, loin de saisir un juge d'instruction immédiatement, entreprenait de consulter les membres du PNF, ajournant sa décision dans une discussion stérile sur la légalité des écoutes. »

Stérile ? Quand on voit le raffut d'indignations légitimes que ces écoutes ont provoqué au sujet de leur légalité, on peut considérer que les précautions n'étaient pas stériles.

Entre-temps, et c'est cet entre-temps qui éveilla les soupçons du procureur, un silence solennel s'abattit sur les lignes surveillées, auscultées, écoutées. Soudain, on ne percevait plus que gazouillis entre amis.

Y aurait-il une taupe dans la taupinière du PNF ?

Un espion à la solde de Nicolas Sarkozy planqué sous le parquet ?

Ni une ni deux, on ouvrit une information pour identifier le traître ou la traîtresse. Sois rassuré, cher Benoît, le vice-procureur, dans sa luminosité de réverbère londonien de Whitechapel, a cru pouvoir identifier l'espionne. Il soupçonnait sa collègue, et néanmoins ennemie et supérieure hiérarchique, d'être coupable d'une « indiscrétion » familiale…

Sur quels éléments s'appuyait le perspicace procureur « paranoïaque » pour dénoncer ce crime familial ? Voilà qui intrigue notre légitime curiosité de gibier. Ça me passionne, ces histoires de dénonciation intérieures ! Depuis que Maigret a cassé sa pipe, que Miss Marple sucre les confitures et que Poirot mange les pissenlits par la racine, on n'a plus de grands détectives, à l'exception du procureur Amar !

— Je suis curieux de savoir comment ton détective a pu arriver à la conclusion que sa patronne aurait pu commettre une indiscrétion familiale ?

— J'y viens ! Un peu de patience. En croisant les numéros de téléphone relevés dans le dossier judiciaire avec son propre carnet d'adresses (y compris ses chers collègues du PNF !), notre suspicieux découvre que la fille d'Éliane Houlette, sa supérieure, travaille… chez un avocat d'affaires. Déjà, la fille d'un procureur qui exerce le métier d'avocat, ça sent, de fait, la trahison de classe, le passage dans les rangs de l'ennemi héréditaire ! Un reniement de maman ? Ou avec l'accord de maman ?

C'est significatif d'une envie de revanche que les enfants de juges soient souvent avocats, non ? Malgré l'apparent mépris dans lequel les robes rouges tiennent les robes noires, la félonie de la fille, approuvée par la mère, pousse le vice-procureur à y regarder de plus près. Que découvre-t-il ?

Il s'aperçoit que l'avocat d'affaires en question avait pour ancien associé François Veil, fils de l'iconique Simone. Et alors, me diras-tu ?

Tu vas voir la clarté que les petites cellules grises d'un vice-procureur peuvent projeter quand elles s'activent…

Le 25 février, François Veil avait envoyé un SMS à son confrère et ami, Me Herzog, juste avant qu'il ne fonce à Monaco pour rejoindre Nicolas Sarkozy. Au moment d'ouvrir ce message, la main tremble. Que révèle-t-il ? Quelle violente vérité va vriller les yeux ?

« Mauvaise nouvelle, Christian bloqué à Nice, dîner reporté. »

Pour Amar, ce texte est un message codé dans un style énigmatique ! Derrière les mots se mure le message. Pour percer le mutisme des mots cryptés, Amar entreprit des recherches sur la facturation détaillée du téléphone de François Vieil, le fils de

Simone, il faut le dire chaque fois, parce que tout le monde le dit chaque fois ! C'est le chat de la mère Michel, c'est le fils de Simone ! La fouine des factures, on appelle cela des fadettes, rien à voir avec George Sand, autre époque, découvre… pas grand-chose ! À sa grande platitude, il reconnaît n'avoir trouvé qu'un seul contact direct entre l'avocat et son ex-associé, toutefois, précise-t-il, trop tardif pour correspondre à la fuite.

Admettant lui-même qu'il n'a rien dans les mains, rien dans les poches, mais tout dans son cerveau primitif vieux de quatre cents millions d'années et qui se méfie de tout, devine tout – l'arrivée du vent, de la pluie –, il s'accroche à son scénario délirant ; il écrit : « Je ne peux exclure que Patrick J. (c'est l'avocat) ayant pu être informé de notre enquête ait communiqué verbalement cette information à François Veil. J'insiste sur le fait qu'il ne s'agit là, bien sûr, que d'une supposition, même si j'ai la conviction qu'elle est hautement probable et la plus vraisemblable. »

Visant madame Houlette, il ajoute : « Je veux d'ailleurs croire que cette hypothèse n'aurait d'autre cause que l'incompétence, la panique et l'inexpérience. »

Benoît Emmanuel sort de sa concentration éberluée pour me dire :

— C'est dingue ! Travailler dans ces conditions ! J'ai du mal à te croire… Et ces gens jugent, mais quelle horreur ! Par contraste des mots, il est, lui, compétent, expérimenté, maître de lui. En voilà un qui aurait besoin d'une cure d'humilité et d'une thérapie d'hermine de choc.

— Pas faux, d'autant que le même a écrit après la condamnation de Claude Guéant : « Le PNF a pu s'enorgueillir de la condamnation d'un ancien ministre de l'Intérieur. » S'enorgueillir ? Que vient faire l'orgueil dans la justice ? Effrayante, cette justice qui remplace le glaive et la balance par le nombril !

— Comment a réagi le fils de Simone Veil ?

— D'après ce que j'ai pu lire, il l'a mal pris, et cela se comprend ; il a envoyé un courrier salé à son persécuteur : « Votre fonction et l'étendue de vos pouvoirs qui y sont attachés ne sont pas au service de votre ambition ou de vos fantasmes, mais seulement de la vérité parfois si simple à établir. »

— Il a raison, le fils de Simone, de souligner l'étendue des pouvoirs ! J'ai l'impression qu'il n'existe pas de contre-pouvoir à l'étendue de ces pouvoirs ; finalement, les juges se contrôlent entre eux juridictionnellement, mais il existe tout un monde de comportements d'autorité arbitraire qui échappe à tout contrôle, c'est angoissant. Mais tout cela aura servi à quoi ?

— À rien, sauf à détériorer un peu plus les relations entre les avocats et les magistrats, à déchirer un peu plus le secret professionnel, à affaiblir la confiance, à abîmer le droit.

— J'aimerais quand même savoir comment a réagi la destinataire de la dénonciation, la procureure générale, si tu le sais.

— Apparemment, rien ne l'offusque, rien ne la choque, eaux troubles mais eaux calmes... On ignore les effets des détestations dans cette auguste institution où chacun a son chacun à l'œil biblique. Elle a nommé le sycophante auprès d'elle en 2019, sans doute en s'offrant, en même temps, un rétroviseur à Brutus ! Et après le départ à la retraite d'Éliane, il a réintégré le PNF.

On pourrait raconter plein d'histoires de juges, mais à quoi bon ?

— L'affaire Fillon, je sais que tu sais des choses, je t'écoute, mais n'oublie pas que si en première instance il a été condamné, il a fait appel, et je ne serais pas étonné que la cour d'appel rectifie la décision excessive des premiers juges.

— C'est possible, qui sait ? Le temps passe, qui emporte sur les flots de l'indifférence la dépouille de Fillon, elle arrivera verdâtre devant la Cour ; plus personne, tu verras, ne s'y intéressera à part quelques thanatopracteurs de presse. Alors lui, il s'est vraiment pris une balle judiciaro-médiatique dans le pied ! Aujourd'hui, raffinement oblige, droits de l'homme exigent, on n'assassine plus au couteau, au poison, à l'étranglement, au pistolet, non, on assassine au journaliste et au juge ! Ravaillac, Ravachol, Gorguloff, Caserio, Raoul Villain, le Petit-Clamart, des vulgaires vengeurs à côté des tueurs qui tirent au gros titre, poignardent à l'insinuation, empoisonnent à la calomnie.

Passionnante histoire, significative d'une époque, que cette mise à mort politique de Fillon dans l'arène de la présidentielle, et dans l'indifférence générale des peuples. On peut entrer dans cette sombre aventure, si tu veux, mais si tu as l'âme sensible, la naïveté charitable, tu vas prendre un coup dans l'émotionnel. On chute dans toutes les médiocrités, toutes, les petites, les grandes, les grandioses !

— On y va, mais vite, parce que je veux aussi que tu m'expliques ton adhésion au FN. Je suis prêt : je viens de m'administrer une extrême-onction morale et j'ai la protection de l'archange saint Michel. Attends, avant de commencer, on va quand même s'offrir un petit verre pour la route.

Il se lève et, lentement, comme s'il avait craint de faire du bruit, se dirige vers une vieille armoire provençale en bois d'olivier, l'ouvre et en retire religieusement une bouteille de rhum Don Papa, prend deux verres et verse. Don Benoît sert Don Papa ! On reste en famille.

— En avant. Yalla ! comme disait sœur Emmanuelle, lancé-je.

Quand éclate l'affaire Fillon, on est en pleine campagne pour la présidentielle. Le potentiel candidat comique des socialistes, le président Hollande, a été éliminé de la compétition. Restent en lice trois candidats sérieux : Le Pen, Macron, Fillon. Après le quinquennat drolatique du père François-les-blagounettes, la droite espérait bien revenir aux affaires. Son candidat, François funèbre Fillon, était bien placé, trop bien placé peut-être. Son parcours est exemplaire : député à vingt-sept ans, plusieurs fois ministre, ancien Premier ministre, il a ratatiné, pendant la primaire, Sarkozy et Juppé, sous le coup du perfide, vous imaginez le général de Gaulle mis en examen !

Phrase, sur le moment, d'une rhétorique redoutable, assassine ; attention, cependant, aux lendemains des mots, ils possèdent, on va le voir, un maléfique pouvoir. Fillon a eu le mauvais œil des mots !

Au moment où Sarko, et surtout Juppé, le grand favori des sondages, s'effondrent, Fillon frétille sur le capitole de ses ambitions revenues ; il ignore que la roche Tarpéienne commence, de loin, à rouler sur lui, poussée par d'anonymes mains meurtrières.

Comme de bien entendu, comme aurait dit Arletty, tout commence par un article de presse du 25 janvier 2017 du *Canard enchaîné*, qui dévoile les pratiques supposées douteuses du candidat dans ses relations financières avec Pénélope, son attachée parlementaire et… épouse.

En clair, il aurait grassement rémunéré son épouse pendant des années, comme beaucoup d'autres l'ont fait, y compris le président de l'Assemblée sur les fonds parlementaires, lui – je ne sais pour les autres –, pour ne rien foutre ! Franchement, le coup est vache, vicelard, imprévisible, en ce sens que dans le vieux parlementarisme, tout le monde le faisait, ce qui bien sûr n'excuse rien. Jamais Fillon n'aurait pu imaginer qu'on vienne le chercher là-dessus, qu'on bricole une poursuite judiciaire et que finalement il se retrouverait, honteux, mis en examen, sous le regard ironique du Général…

— Pourquoi dis-tu qu'on bricole une poursuite ? Les faits sont répréhensibles, non ? L'État a été volé, si Pénélope a été payée pour rien !

— Oui, oui, mais je ne suis pas certain que, dans un autre contexte, les juges n'auraient pas considéré que la sacro-sainte séparation des pouvoirs les empêchait d'agir, puisque en enquêtant ils enquêtaient de fait sur le travail, les relations, les actions, les mondanités, les rendez-vous, les coups de fil, la vie du député ; que c'était, en outre, de la compétence du Parlement payeur de contrôler pourquoi il paye ! Attends, tu vas voir comme tout s'est enchaîné à la vitesse grand V de Virez-le !

—Je peux comprendre l'argument ! Excuse cette question de concierge, mais d'où est venu le coup de couteau de boucherie ?

— Alors là, difficile à dire, tant de gens en politique veulent la peau de l'autre ; la politique, c'est une tuerie, une machine chimique à exacerber les penchants les plus pervers, à grossir les bassesses, à rendre méchant, médiocre ! Aujourd'hui, on lit la *Vie des douze Césars*, réécrite par Courteline, donc on enlève la grandeur, la portée romaine, l'inspiration des dieux, on garde la férocité, la malveillance, sans le génie, et on a un bon tableau !

— Toutes ces haines pour le pouvoir ?

— Oui, bien sûr, mais plus encore à cause des frustrations et des blessures narcissiques ; en politique, elles arment la main du tueur ! Je te montrerai, tout à l'heure, l'exemple… par le costard… oui, par le costard, des conséquences assassines des blessures narcissiques.

— Par le costard ?

— Oui, le costard à Bourgi… Tu verras…

Pour répondre à ta question, d'où vient le coup ? On a d'abord suspecté plein de monde, mais tout ce beau monde a crié au scandale et jamais aucune preuve n'a été rapportée. Faut dire que tout au long de sa longue carrière, Fillon a eu le temps de semer bien des rancœurs, des mots blessants, des frustrations, des jalousies ; il a dû laisser derrière lui, dans son ascension hautaine, beaucoup de petits cailloux de vengeance. Le coup peut venir d'en haut, tout aussi bien d'en bas, voire de très bas : chauffeur, secrétaire, attaché parlementaire mécontent de gagner moins que Madame ! Petite main ou pointure, va savoir ? Un fait est certain, pour balancer, il fallait être au fait de toute la documentation parlementaire, et ce n'est pas rien…

Deux hypothèses : soit une ancienne ou un ancien collaborateur, une petite main dans le sac de nœuds, soit l'administration fiscale, la seule, en dehors d'un proche ayant travaillé dans la boutique, à pouvoir détenir les précisions nécessaires sur autant d'années…

Le comble dans tout cela, c'est que Fillon, avant l'éclaboussement de l'affaire, n'avait absolument pas conscience d'avoir mal agi tant la pratique était usuelle et indifférente ; il reconnaîtra : « J'ai agi selon un usage, certes légal, mais dont il est clair que nos concitoyens ne veulent plus. » C'était vécu par beaucoup de députés, qui me l'ont dit sans gêne, comme un complément de salaire honorable. Il n'avait même pas idée qu'une infraction pouvait exister ! Elle n'était, du reste, pas évidente à la lecture du Code pénal.

Le tueur inconnu a donc bien été aidé dans la préparation du coup.

La chronologie, science des complicités, le montre.

L'article du *Canard* est du 25 janvier 2017 ; le même jour, le parquet ouvre une enquête. Le 30, la police convoque, comme un péquin, l'ancien Premier ministre dans ses locaux. Le 24 février, le PNF ouvre une information. Fillon, qui a la passion des voitures de course, est servi question vitesse. On l'a attaché dans un bolide judiciaire ! Le circuit, ce ne sont pas les 24 Heures du Mans, mais la présidentielle.

— Tu veux dire qu'il n'a pas été traité comme un justiciable ordinaire, qu'on lui a fait un traitement de défaveur !

— Oui ! Malgré mon antipathie pour le personnage, l'honnêteté oblige à le reconnaître. Même Davet et Lhomme, deux journalistes du *Monde* qui ont écrit un livre sur l'affaire, reconnaissent « qu'il y a eu une volonté d'accélérer le processus judiciaire », « il n'a à aucun moment été traité comme un justiciable ordinaire », « oui, François Fillon a bien bénéficié d'un traitement particulier de la part de la justice, un traitement de défaveur en quelque sorte », « oui encore, dans cette affaire hypermédiatique, la magistrature a fait preuve d'un zèle jamais vu jusqu'alors », « oui, tout a été fait pour que le candidat de la droite puisse être mis en examen le plus rapidement possible » [4]…

Si eux, les deux compères, le disent, on peut les croire, d'autant qu'ils n'ont jamais porté Fillon dans leur cœur, car, même journalistes, on va leur accorder le bénéfice médicolégal qu'ils ont un cœur.

Eh oui, moins d'un mois d'investigation pour une affaire de cette importance, un record judiciaire ! Ce n'est pas tout.

La désignation des juges d'instruction va être un grand moment… d'indépendance dans la dépendance.

---

4. Gérard Davet et Fabrice Lhomme, *Apocalypse now, les années Fillon*, Fayard, pp. 291-292.

Qui désigne les juges d'instruction ? Le Premier président. Qui est le Premier président ? Jean-Michel Hayat ! Qui est Jean-Michel Hayat ? Moi, je sais… J'ai eu affaire à lui dans le dossier du commissaire Jobic. À l'époque, il était un jeune juge d'instruction occupant une place importante au syndicat de la magistrature. Il se prenait pour le juge dans le film *Z* de Costa-Gavras. Tout était bon pour avoir la peau du poulet. Il a même incarcéré le commissaire, qui a été très vite libéré. L'affaire s'est terminée, à sa courte honte, par la relaxe générale. Franchement, je ne pensais pas qu'après le fiasco de l'affaire Jobic il ferait une aussi prestigieuse carrière, et mon étonnement fut grand de le voir conseiller technique au cabinet de Ségolène Royal et président des plus belles juridictions : Versailles, Nanterre, Nice, Paris… puis Premier président de la cour d'appel de Paris, le sommet !

— En France, un magistrat peut donc occuper une fonction dans un ministère auprès d'un politique et recommencer à juger en toute indépendance politique, et retourner dans un ministère, comme qui rigole, au service d'un politique, puis revenir juger en toute indépendance ? C'est de la blague.

— Oui ! Cela devrait être interdit, mais c'est permis !

Hayat, donc, dont je ne garde pas un grand souvenir, doit choisir les juges qui vont enquêter sur Fillon. Normalement, c'est une habitude, le juge de permanence, Patricia Simon en l'occurrence, doit être désignée. Elle possède quelques quartiers de viande judiciaire à son actif : Sarkozy, Azibert, les Balkany, le Modem, le FN… Elle a même osé l'indélicatesse de perquisitionner la Cour de cassation pour rien, pour le plaisir de jeunesse de faire chier ces vieux cons croulants d'hermine qui, un jour ou l'autre, le lui rendront bien. Au passage, faut arrêter de nous bassiner avec l'indépendance du juge d'instruction qui tient son dossier du bon vouloir du président, lequel opère souvent des choix de circonstance ; il sait bien quelle trempe de juge, droite, gauche, quel caractère, quelle obéissance obséquieuse ou pas à la hiérarchie, il va désigner. Le choix du juge est déterminant. Un exemple connu de tous : il y a, on le sait, des juges qui ne travaillent pas, tout le temps absents, enrhumés, grippés, fripés, il suffit d'en désigner un pour que six ans après l'affaire soit au même point !

Il devrait y avoir un tirage au sort en respectant la charge de travail ou l'obligation de désigner le magistrat de permanence ou la compétence d'un magistrat spécialisé à la retraite.

Bon, je fais court : Patricia Simon ne sera pas désignée ; elle en fera, du reste, une petite maladie chronique de l'ego et ira s'engueuler avec son président !

En revanche, Hayat va « choisir » un « tueur », un psychorigide raide comme Rauffenstein : Serge Tournaire, surnommé « Lucky Luke » parce qu'il dégaine les mises en examen plus vite que son ombre ! Il totalise cinquante-deux ans au compteur à rhumatismes. Avec sa drôle de gueule émaciée de végétarien pré-squelettique, il offre un avant-goût d'éternité. Ce n'est pas un marrant, plutôt « un justicier », d'après Lhomme et Davet, les Dupont et Pondu du *Monde*, qui citent Tapie, un fin gourmet : « Il préfère se tromper au détriment de quelqu'un que de rater un coupable ! » [5] Tu vois le personnage… Sa philosophie pénitentielle serait qu'il vaut mieux un innocent en prison qu'un coupable en liberté !

— Oui, dans l'histoire de l'Église, on connaît les grands névrosés de l'Inquisition… C'est toujours le même type d'individus, Inquisition ou pas, plus ou moins dévastateurs selon les circonstances, les époques, des ratés d'eux-mêmes en rattrapage permanent sur le dos des autres ; en général, maman ne les a pas aimés et ils ont manqué de tartines de confiture, ou papa a été trop sévère, ils passent leur vie à se venger de papa !

— Ce qui ne veut pas dire qu'ils n'ont pas parfois raison, mais même leur manière d'avoir raison est odieuse. En tout cas, sa majesté judiciaire Hayat Ier, en choisissant contre les habitudes le terrible Tournaire, flanqué d'Aude Buresi, ne fait pas un cadeau à Fillon ! Opérer ce choix, c'est choisir un juge impitoyable, un jouisseur pénal !

5. *Ibid*, p. 301.

Nos deux lascars du *Monde* rapportent, dans leur très solide livre, que des magistrats du PNF leur ont confié que « la désignation du juge Tournaire correspondait à un choix politique, au sens stratégique plus que partisan du terme ». Honnêtement, j'ai du mal à comprendre l'utilité de ces euphémismes : « un choix politique », « au sens stratégique », « plus que partisan du terme » ? Hum ! Hum !

N'aurait-on pas un peu la trouille de dire les choses sans une prudente guimauve atténuante ?

— Ce que tu racontes est effrayant ; dans quel monde on est, « merdre ! » comme disait le Père Ubu. La justice fait donc ouvertement, sous la couverture hypocrite des grands principes, de la politique ; elle prête la main aux règlements de comptes ! Elle se permet d'interférer dans une élection, d'éliminer un candidat par la potion de la procédure pénale, et personne ne moufte ! La Ligue des droits de l'homme, aphone elle aussi, et les bonnes trop bêlantes consciences, d'habitude toujours du concert : pas un bruit, pas une note… Et la presse humanitaire de service, silence ! Bravo les braves bras ballants !

— C'est comme cela, le moine, le système est très fort, il verrouille tout dans une circularité de textes. Au demeurant, pas d'illusions à avoir, le Fillon, il ne vaut pas mieux qu'eux : dans le marigot, les crocodiles se dévorent, et là, il s'est fait déchiqueter en mille morceaux médiatiques. À la place des autres, n'en doutons pas, il aurait pris fourchette, couteau, pour le découpage, serviette autour du cou, chemise blanche proprette. Mais il n'empêche, pour qui aime la justice d'un amour inconditionnel, l'affaire Fillon est un ignoble règlement de comptes, une régression de l'idée. On est bien au-delà d'un homme ! On est dans l'idée de justice, idée centrale dans la pensée grecque, et ce n'est pas pour les olives de l'Acropole, idée qui remplit la mythologie, le théâtre, la rhétorique ainsi que la philosophie.

Tous ces utilitaires de la justice tirent sur la justice !

François Fillon sera mis en examen à moins de deux mois du premier tour de la présidentielle. Tout est dit. Tournaire la tournelle a gagné une mise en examen prestigieuse de plus, intervenant par là directement dans l'issue de l'élection ; insupportable que quelques personnes aux faiblesses inconnues détiennent autant de pouvoir ! Tu imagines, le soir, dans la solitude du petit appartement, dans l'étroitesse de la petite vie, le Tournaire se retourner dans son lit et songer qu'il va faire battre un candidat à l'élection présidentielle ? Érection, élection !

— Je découvre un univers effrayant qu'on ne soupçonne pas. Heureusement, du reste, sinon on vivrait dans une angoisse judiciaire révolutionnaire. Si ce qui fut vrai pour Fillon, qui, au demeurant, mérite une sacrée pénitence, est vrai pour tout le monde politique ou pas, c'est la tyrannie parfaite, la tyrannie aux apparences légalistes.

Quel monde de merde ! Pardon ! Et cette histoire de costard dont tu m'as parlé, c'est quoi ? Ça m'intrigue !

— Ah, cher Benoît, cette histoire est l'illustration de trois forces destructrices : la première, la fréquentation des minables friqués ; la seconde, les terribles conséquences des blessures narcissiques sur les malades du moi. Les vengeances des moitrinaires sont toujours d'une médiocrité compliquée, ce qui ne les empêche pas d'être mortelles. Aucun poignard romain ne brille dans la nuit des petites haines. Au *Dîner de cons,* l'inspecteur des impôts, Lucien Cheval, prend la place du parricide Brutus. La troisième, le dédain pour le bienfaiteur, même intéressé, moche, vulgaire.

Veux-tu que je te raconte la terrible histoire des costards offerts à Fillon par un avocat franco-libanais nommé Bourgi ? Attention, c'est une tragédie vestimentaire insupportable : elle a achevé Fillon en l'accrochant au croc d'un portemanteau minable… Comme quoi, aujourd'hui, Labiche et Courteline sont des tragiques…

Bourgi, baudruche, se gonfle à l'hélium de vanité qu'il tire de la fréquentation des grands commis-comiques de l'État. Parmi eux, Sarkozy, Fillon et d'autres.

C'est le luxe, l'arrogance et la boutique relationnelle de ce petit bonhomme trapu aux cheveux blancs coupés court, au regard dur derrière des lunettes d'intellectuel sans lecture, qui fait attention pour ne pas s'arrondir ! Un léger sourire en balafre imperceptible traverse le visage. Quand il pose devant le buste ostentatoire de Napoléon, c'est lui l'empereur !

Pendant des mois, il a fréquenté Fillon, l'ami Fillon, l'ancien Premier ministre, l'espoir présidentiel de la droite, lui offrant depuis 2012... des costumes, de beaux costumes de belle étoffe estampillés Arnys. Il achète l'amitié, en somme, et l'autre la vend ! Voilà des semaines qu'il cherche à joindre par tous les moyens le mannequin de chez Arnys – SMS, coups de téléphone, mails, enfin tout le tremblement – et aucune réponse, aucune ! Le costumier insiste, ne se décourage pas, puis soudain se vexe, l'humiliation est trop forte, la blessure saigne : Fillon ne le calcule plus, ne répond plus ! Un sentiment d'abaissement qui enflamme la haine s'empare de ce vaniteux chronique : il veut se venger !

Il décroche dans le placard de sa vendetta vestimentaire des factures des costumes offerts de 2012 à 2018 à Monseigneur Fillon. Il téléphone une dernière fois, il ne répond pas ; il envoie un ultime message, il ne répond pas. Alors, c'en est trop, la coupe d'humiliation déborde : il prend contact avec le *Journal du dimanche*, très proche de Sarkozy, et raconte que pendant des années il a fringué à l'œil chez Arnys François Fillon, qui, sans lui, aurait erré dans de modestes tenues de ville !

La feuille de chou du dimanche accorde une place de choix à cette histoire salissante et grotesque. Fillon est habillé pour un long moment, au-delà même de l'été... Je n'avais jamais très bien compris le sens de cette expression. Voilà, maintenant, je comprends... Que crois-tu qu'il arriva quand le parquet financier lut l'article minable tiré du gourbi moral de Bourgi ?

Dédain, noble indifférence, haute justice ? Que non ! Certes, Fillon apparaissait comme un petit profiteur, un maquereau vestimentaire, un radin, mais là, il n'avait pas mis à poil la République ! Eh bien, incroyable, les juges et procureurs trouvèrent le moyen de le poursuivre pour… « trafic d'influence »… Cette mise en examen n'avait aucune raison juridique d'exister, strictement aucune ! Il s'agissait de nuire, et le but a été atteint : Fillon a pris deux vestes, l'une médiatique, l'autre électorale ! Cette mise en examen relève de la mauvaise foi, de la vindicte judiciaire. La preuve : une fois la réputation enduite de plumes et de goudron, aucune charge ne sera retenue contre Fillon ! CQFD…

Et pendant ce temps-là, comme on fredonne, Jack Lang, entre 2013 et 2018, se faisait momifier gratuitement dans des costumes de Smalto pour un montant pharaonique de 195 600 euros ! On lui a foutu une paix judiciaire républicaine royale au motif qu'il était un ambassadeur de la marque, une sorte de mannequin mondain ! Fillon s'en serait contenté. Il ignorait, sans doute, cette cause d'exonération.

Selon qu'on est de gauche ou de droite…

— Je n'en reviens pas de voir toutes ces magouilles, tous ces abaissements de fonction.

— Tu n'as encore rien vu ! Si tu veux rigoler noir un coup, je peux te raconter l'histoire de mon tweet supposé faire l'apologie du terrorisme et qui m'a valu sept ans de procédure. C'est une histoire absurde mais tellement révélatrice des médiocres manœuvres politico-judiciaires que je ne résiste pas au plaisir de te la conter. Mais, bien sûr, vu l'heure tardive, et un certain besoin d'aération spirituelle, on en parle demain, si Dieu le veut !

Le tweet terroriste

Journée de pluie, apaisante, un peu japonaise, avec ses jardins parfaits.

Parler fait du bien et, surtout, être humainement écouté fait du bien. Faut reconnaître qu'aujourd'hui les gens n'écoutent plus ; on vit une époque de surdité métaphysique, de jugements hâtifs, définitifs. On n'écoute pas et on juge ! Tout le monde juge tout le monde. La télé, c'est le jugement dernier permanent ; les réseaux sociaux, l'enfer du con ordinaire qui juge, insulte, condamne… C'est ce qui fait la fortune des psychanalystes, ils font payer cher une écoute techniquement fraternelle à tous les paumés de l'oreille. Moi, j'ai mon moine qui est curieux de m'écouter, un vrai bonheur ! Je le retrouve dans une petite pièce forcément obscure, qui sert en temps ordinaire de confessionnal. Je le retrouve curieux d'entendre la suite de l'histoire et un peu goguenard. Pourquoi ?

Je reprends donc pour mon oreille monacale l'histoire rocambolesque et juridiquement incroyable des tweets… Elle en dit long sur les mises en scène justicières, les manipulations du droit, la servilité de certains juges.

— Tout a commencé le 16 décembre 2015, au petit matin radiophonique, par la faute de Jean-Jacques Bourdin sur RMC, où il régnait avant que méchante Apolline ne le boutât hors du micro principal. De sa voix grasse de fumeur de cigare, il s'était permis, en éructant sur je ne sais quelle victime, de comparer le FN à l'État islamique ; il avait même maugréé l'existence d'une « communauté d'esprit » entre les assassins du Bataclan, de *Charlie Hebdo*, des autres victimes et le FN ! Il fallait oser, mais Bourdin, comme les cons d'Audiard, ose tout, c'est à cela qu'on le reconnaît.

Ce matin-là, il avait craché dans son micro vespasienne la phrase de trop ! Franchement, même si l'on nous déteste, comment peut-on oser proférer qu'il existe une communauté d'esprit entre nous et ces assassins ? Le sang de Marine Le Pen n'a fait qu'un tweet, et le mien aussi : nous avons publié des photos horribles des crimes de Daech pour montrer l'ignominie de la comparaison bourdinienne ; j'ai montré la photo d'un homme allongé au sol, le visage défiguré, le crâne enfoncé, les mains liées derrière le dos avec ce commentaire : « Bourdin, le poids des mots, le choc des bobos ! »

Honnêtement, au moment où je tape ce tweet, je n'imagine pas une seconde ce qui se trame en coulisses contre MLP et, par voie collatérale, contre moi…

La séance des questions au gouvernement commence ; chaque député s'est fait beau au cas où les électeurs le verraient à la télé. C'est le moment de bénédiction démocratique où tout le Parlement siège sous le regard des caméras. Après, ils partiront, loin, ailleurs, et reviendront pour la prochaine séance de cinéma.

Derrière le député qui va poser sa question, les collègues s'arrangent, quelquefois en se surélevant, pour être vus, bien vus, donc vus dans la circonscription. Le député travaille, on l'a vu à la télé ! L'un deux, un socialiste, je crois, du Pas-de-Calais, comme l'ami Bidasse, tout malingre, tout étriqué dans son costume du dimanche parlementaire, se lève pour poser une question au ministre de l'Intérieur. Il bafouille un peu, mais c'est dû à l'émotion, à l'asphyxie d'indignation. Avec des trémolos préfabriqués d'emportement de gauche que l'oreille politique reconnaît tout de suite, il halète : le tweet, les photos ignobles, l'appel à la peur, le dérapage, la propagande de Daech et les électeurs du Pas-de-Calais qui n'ont pas élu MLP ; n'en jetez plus ! Et un pathétique « Que comptez-vous faire, Monsieur le ministre de l'Intérieur ? »

En langage parlementaire, cela s'appelle une question téléphonée, c'est-à-dire une question que le ministre a sollicitée pour faire un coup en y répondant, dans une fausse improvisation toujours humanitaire, l'air de se donner la bonne figure laïque de l'abbé Pierre. Il faut reconnaître que les gens de gauche iront tous au paradis des apparences, s'il en existe un, ce dont ma théologie doute, vu que tartufe est un minable. Ils jouent, du matin au grand soir impossible, à la grande conscience universelle, sans même se rappeler que l'honnête Raymond Aron trouvait cela indécent.

Je suis devant le poste et je n'en reviens pas. Sulzer serre sa pipe au point de la casser ; on regarde et l'on voit le tout petit Cazeneuve se lever lentement, le visage grave sous son crâne dégarni, le regard sombre d'un constipé derrière ses lunettes d'avoué balzacien ; il est net comme un communiant de province, avec son costume bleu, son impeccable chemise blanche et sa pochette tristounette. Il saisit le micro comme un fléau de guerre, et en avant la musique : il dénonce l'abjection, l'abomination, l'insulte aux victimes du terrorisme. Au même moment apparaît sur l'écran le visage défait, effrayé, au bord des larmes d'une députée qui appuie la sensation d'horreur.

Cazeneuve annonce qu'il va saisir la plateforme Pharos, alors qu'il aurait dû saisir le procureur… Passons ! Le Parlement – droite, gauche, extrême gauche, comme un seul larbin – se lève pour applaudir à cette comédie ; Cazeneuve est fier de lui, il éclaire sa petite personne de toute sa prétention de lampadaire.

Les défenseurs des vertus outragées grimpent l'arbre de la trop belle occasion, s'indignent, s'esclaffent, haro sur le baudet ! Toutes les chaînes confites en leçons de morale s'en donnent à cœur joie. On se prend des coups de micro de tous les côtés ! On a osé montrer des photos de Daech ; on est des brutes, des salauds, des ignobles ! De quel droit s'est-on permis de répondre à Bourdin, alors qu'on aurait dû se laisser comparer aux assassins de l'État islamique sans murmurer un mot ?

Les éditorialistes, les spécialistes police-justice, les experts se succèdent pour nous bannir de la société des gens convenables. Pas un pour nous trouver une circonstance atténuante. La partie est facile, le procureur, autorité toute-puissante, aux ordres du pouvoir, a ouvert une information : la messe noire est dite, on est dans le chaudron ! Ne touche pas à mon Bourdin ! Il n'y a pas de fumée sans feu, et la fumée parquetière nous enveloppe de son halo. C'est un grand classique, désormais, du processus de diabolisation : ouvrir les portes de l'enfer médiatique en ouvrant une information judiciaire. C'est un permis de soupçonner, d'interroger, de salir de questions.

Le 21 janvier 2016, le procureur de Nanterre, dare-dare, ouvre une information en toute indépendance précipitée parce que nous aurions, comme de sales pédophiles, cherché à pervertir la jeunesse.

Quand ils veulent, cela va vite, très vite, on a même des excès de vitesse judiciaires et des conduites en état de prouesse.

Arrive alors une convocation à se rendre dans les locaux, toujours accueillants, de la police judiciaire, qui n'a, évidemment, que cela à faire. Se voir convoqué par les phares de la plateforme Pharos de

Cazeneuve, c'est un délice de détournement légal (ça existe) de procédure.

Évidemment, il n'est pas question de déférer à cette lettre de cachet. J'excipe alors, comme on dit, de mon immunité parlementaire qui me protège un temps du diable de la diabolisation. Qu'à cela ne tienne : le 29 mars 2016, je reçois une convocation d'une juge d'instruction de Nanterre qui envisage ma mise en examen…

Si elle croit que je vais déférer, elle fait un rêve judiciaire, la jeune juge. Avec infiniment de courtoisie, je décline son invitation et l'oblige à demander la levée de mon immunité parlementaire.

Que va faire la commission à majorité socialiste ?

J'ai peu d'espoir qu'elle refuse, ayant peu d'espérance dans l'objectivité politique. C'est évidemment par la presse que j'apprends, un 29 avril, cette décision incroyable, incroyable, inattendue… Je n'en reviens pas…

La commission refuse la levée de l'immunité ! C'est, peut-être, le dernier acte de liberté parlementaire, le dernier refus de céder aux caprices autoritaires de la justice sous manigances politiques. Juge et procureur viennent de se prendre un sacré coup de pied au cul dans l'hermine, et c'est une commission composée de socialistes et de républicains qui l'a donné. Je ne vous dis pas la gueule des médias ! La tête de Cazeneuve, tout triste chauve, du procureur, qui faillit avaler sa toque ! Je prends acte de la bonne décision et je me moque du reste.

Passe le temps, sonnent les heures, les jours s'en vont, mais le procureur rancunier demeure. Les élections présidentielles viennent d'avoir lieu et Emmanuel Macron arrive sur un strapontin électoral au pouvoir. Une nouvelle majorité parlementaire risible, ignorante, repêchée sur Internet et les réseaux sociaux ou chez les futurs chômeurs politiques de gauche et de droite. Le Parlement devient le Club Med des amateurs et des recyclés... J'entre, à ce moment-là, dans un Parlement loufoque, présidé par Jo le Homard, le réversible De Rugy, détesté par ses anciens amis, fourbe verdâtre, colimaçon politique.

Ce qui allait arriver, je ne m'y attendais pas du tout, mais alors pas du tout !

Depuis un moment mon moine n'a pas dit un mot, il écoute ; je devine que toutes ces médiocrités du monde d'en bas le secouent dans sa tranquillité. Il a l'air fatigué, intoxiqué. On est là depuis des heures, et, immobile, il écoute. Je lui propose de remettre au lendemain la suite de mon histoire. Il rechigne un peu, curieux qu'il est tout de même de connaître la suite... Mais, si j'ose, sauvé par le gong, les cloches sonnent.

Et chacun de son côté s'en va jusqu'au lendemain.

La cabale du tweet

Je suis en voiture, ce 6 juillet, quand je reçois un texto de l'Assemblée : « Demande de levée d'immunité, nous contacter. » Franchement, je ne m'attendais pas à celle-là. La juge que la Commission avait envoyée aux patates revient à la charge, à la faveur d'une nouvelle majorité ; elle demande, la juge refoulée, de nouveau la levée de l'immunité à la Commission désormais présidée par De Rugy le pomponné.

En compagnie du fidèle et si injustement décrié Jean-Richard Sulzer, je vais consulter mon dossier dans une soupente surveillée par deux cerbères qui interdisent toute photocopie, toute photographie du document judiciaire. On n'a même pas un bureau, un papier, un stylo ! Impossible d'être seuls, on nous a à l'œil, c'est rare que De Rugy fasse quelque chose à l'œil, mais là, c'est bien à l'œil. Mais qu'il est homard, ce marquis !

La réunion de la Commission se tient quelques jours plus tard, et on n'a même pas le temps de se retourner. Elle est belle, la démocratie !

La Commission, donc, comme prévu se réunit ; on a rédigé un mémoire qui n'est même pas lu ! Les pièces du dossier n'ont pas été communiquées ! Enfin, il n'y a eu aucun respect des règles de droit élémentaires, aucun, à tel point, et c'est tout à son honneur, que Clémentine Autain, malgré nos différends, dénoncera la mascarade et ne votera pas la levée d'immunité qui sera cependant levée dans l'euphorie des leveurs !

— Ça, c'est bien, c'est rare, elle est pourtant d'extrême gauche, je crois, insoumise en plus : elle ne doit pas te porter dans son cœur ! Non, c'est bien ! Vraiment ! Je suppose que son vote a dû provoquer des réactions ?

— Tu ne vas pas voter Mélenchon pendant que tu y es ? Je rêve !

Évidemment que son choix a entraîné des réactions, d'autant qu'elle s'est expliquée, et ses explications donnent une image bien minable de De Rugy, le titulaire de la chair de poule des bons sentiments.

Pour ne pas déformer ses paroles, je la cite quand elle explique pourquoi « les conditions de vote ont été inadmissibles » !

— Elle a dit « inadmissibles » ?

— Oui ! Elle a dit, écrit, juré « inadmissibles » !

Écoute ses explications, au lieu de douter : « Une réunion du bureau a été convoquée de façon exceptionnelle, dans un curieux hasard de calendrier, la demande de l'examen du projet de loi sur l'état d'urgence. Ce n'est que la veille au soir à 19 h 45 que j'ai reçu un mail m'indiquant que nous allions étudier la levée d'immunité de Gilbert Collard et qu'un dossier serait consultable sur place à 9 h 30 pour la réunion à… 10 heures. » Et elle ajoute : « Le pouvoir du Parlement est chaque jour plus piétiné. »

Tu vois dans quelles conditions des députés arrachent à un collègue la protection de son immunité contre l'arbitraire du pouvoir. On dira « ce n'est pas Moscou et le KGB, Pinochet et la DINA, les talibans et la Muttawa », certes, mais, qu'on le veuille ou non, c'est un renoncement, un commencement ; quand on entrouvre la porte…

Cela s'est passé dans l'indifférence générale sous le règne de De Rugy. Il le paiera cher, du reste, enduit de mayonnaise, le goudron du snob, et enserré dans les pinces du homard.

— Pourquoi la Première commission a-t-elle refusé la levée que la Seconde commission a acceptée ?

— Entre l'Assemblée élue sous Hollande et celle qui a été tirée au loto électoral sous Macron, il y a la différence entre la culture politique et l'inculture, entre une certaine survivance des principes et leur ignorance crasse par des parvenus ou des apostats. Aujourd'hui, ce n'est plus une Assemblée, même si, sous Hollande, elle commençait déjà sa décomposition : c'est un ramassis de m'as-tu-vu à la télé, aux fiches de lecture, au golf, au Lyons, au Club Med, aux potins mondains, aux réceptions en ville, aux Bourbon, au resto de l'Assemblée, au dîner de province où l'on fait l'important chez le pharmacien, le notaire, le vétérinaire…

Il ne me restait plus qu'à attendre la convocation claironnante du juge d'instruction. Elle ne tarda pas à arriver, mais elle ne claironna pas, car je l'annonçai moi-même avant qu'une « source proche de l'enquête », comme on dit, ne le fît ! C'est un bon moyen de baiser les médias que d'annoncer la nouvelle avant eux.

Un matin d'automne froid, pléonasme climatique à Paris, je me rendis donc chez une juge mécaniquement programmée pour prononcer la mise en examen : aucun argument ne pouvait l'empêcher !

Maintenant, il ne me restait plus qu'à attendre l'audience pour m'asseoir au côté de Marine Le Pen sur le banc d'infamie, faute de fauteuil ministériel ! Eh bien, non, on n'était pas au bout de nos peines avec cette vieille folle de justice : elle nous réservait encore un de ses coups burlesques qui, après m'avoir conduit aux frontières de l'apoplexie, me fit mourir de rire aux cris de « mais qu'ils sont cons » !

Je ne peux pas vous raconter la suite maintenant parce que le moine a envie de pisser, oui, même un moine a son oraison du soir rimbaldienne où il pisse « vers les cieux bruns, très haut, très loin, avec l'assentiment des grands héliotropes ».

— On reprendra mon histoire de cornecul judiciaire dans un moment, dis-je à mon moine.

En souriant comme seuls les Célestes peuvent le faire, il me dit :

— Ah, l'Inquisition ! Elle a laissé des traces, ou plutôt les traces qui ont fait l'inquisition, la Guépéou, la Gestapo, le KGB, et cætera, n'ont jamais disparu de l'ADN inhumain de l'humain.

Ma surréaliste convocation !

— À l'heure fatidique du facteur, qui n'offre pas toujours le bon visage du facteur fabricant de cerfs-volants du roman de Romain Gary, je vois arriver ma femme, tout électrique, blême, brandissant une enveloppe comme un éventail épileptique. Elle s'effondre sur une chaise et, les larmes aux yeux, me dit : « Mais ce n'est pas possible, ils osent tout ! »

Je prends le papier, tremblote, et je lis, je relis, il est à l'en-tête d'un hôpital psychiatrique à mon intention. Ai-je la berlue ? Ai-je bien lu ? Ai-je bien vu ? Le docteur machin spécialiste des troubles du transsexualisme me convoque pour une expertise psychiatrique en son hôpital psychiatrique… à la demande psychiatrique du juge d'instruction !

Il est des événements apparemment anodins comme celui-là qui signent le délire administratif d'une époque et qui préoccupent sur la tranquillité du juge, voire sa bêtise dans le meilleur des cas, quant au choix de l'aliéniste désigné pour expertiser l'auteur d'un tweet politique.

La loi est parfois si maladroite que la juge était obligée de désigner un psychiatre à peine de nullité, mais vu l'inadaptation de la mesure, son aspect humiliant et dangereux s'appliquant à des responsables politiques, elle aurait pu faire un choix plus neutre et moins grotesque ! Un moment, j'avais envisagé de me rendre à l'expertise fardé, poudré, du gros rouge sur les lèvres, une perruque rousse hurlante sur la tête, enveloppé dans une robe du French cancan. J'y ai renoncé parce qu'un ami médecin, Hervé Boisson, expert lui-même, m'avait mis en garde : « Attention, il peut le prendre au premier degré ! » Merde d'époque, c'est vrai que l'humour est mort, non pas de rire, mais de la tristesse ambiante surgie d'un puritanisme contradictoire qui ne supporte aucune subversion des mœurs et des marginalités embourgeoisées. L'originalité est banalité, la transgression est sociale. Le mariage est pour tous !

On ne peut plus rien dire, sauf à s'exposer au pire ! Aujourd'hui, Rabelais aurait toutes les ligues de vertu du langage contre lui et passerait son temps devant la dix-septième chambre.

Une fois mes esprits retrouvés et la conviction métaphysique acquise qu'on est définitivement dans un monde de cons, je décidai courageusement de ne pas déférer à la convocation du psychiatre.

Faut dire à ma décharge que j'en ai vu des aliénistes aliénés…

Il ne restait plus qu'à attendre le jour fatidique de l'audience pour savoir à quelle peine on allait être mangé.

Cazeneuve était passé depuis longtemps, avec son étroit costume gris, aux oubliettes de la banalité politique ; un autre comique l'avait remplacé au ministère de l'Intérieur, le lourd Castaner, « grande intelligence des Alpes » !

Un jour, un huissier – je déteste les huissiers, ces charognards judiciaires – apporta un pli qui me convoquait devant le tribunal correctionnel de Nanterre avec Marine Le Pen.

Même quand on est sûr de son droit, ce n'est jamais un bon moment que d'aller s'expliquer devant un tribunal, ça fait un peu gamin au coin, pan sur les mains. Surtout quand, comme moi, hélas, on a derrière soi des années de fréquentation occulte en déjeuners, dîners, de la gent judiciaire. On la sait parfois burlesque, mégalomaniaque, paranoïaque, vindicative, prétentieuse et, par moments, dangereusement idiote ! Elle n'est pas la seule, certes, mais c'est une quiétude que de ne pas connaître la nature réelle de certains juges. Je n'avais pas cette ignorance tranquille et je m'attendais au pire…

Le tribunal, comme c'est souvent le cas, est composé de trois femmes.

À l'exception de la présidente un peu tendue sous les rondeurs de sa robe noire, les assesseurs ont l'air sympa, souriant, et même de ne pas trop se prendre au sérieux. Je remarque que l'une d'elles, à ma droite, a écrit en lettres capitales sur ses codes « le vol est un vilain défaut », histoire de dire à ses collègues de ne pas lui piquer son matériel. Tiens, un peu d'humour, ça allège l'atmosphère. Et c'est une manière subversive de dire que certains magistrats sont de petits voleurs de Code… J'apprécie !

Le procureur ? Petit, étroit, de mauvaise foi, aux ordres, affublé d'une voix fluette, muette, sans doute la honte de ce qu'il doit requérir… Il va jusqu'au bout soutenir une accusation ridicule et requérir cinq mille euros d'amende ! Tout ça pour ça ! Oui, le pouvoir joue avec la justice, s'amuse à emmerder ses adversaires, à les tracasser en se servant des manipulations d'infractions et des procureurs dociles pour pourrir la vie, créer des procès bidons, faire convoquer à la police, faire attendre, mettre en examen, obliger à faire des dépenses d'avocat, jeter le discrédit, faire perdre du temps : c'est une technique pénale de pourrissement de la vie de l'opposant qui a été perfectionnée par l'entourage judiciaire de Hollande. Tous les coups judiciaires sont bons pour emmerder l'adversaire. Je te raconterai plus loin l'histoire de la contrôleuse de train, tu seras édifié sur la réalité de ce que je dis.

Il leur suffit d'une accroche pénale, même fausse, pour enclencher la machine à baffes judiciaires. C'est une honte, un dévoiement ! Une industrie judiciaire des emmerdements, souvent sans réalité sinon une apparence de fondement textuel ; l'apparence suffit, qui permet au parquet de ligoter pendant des mois, des années, un quidam ignorant tout de son dossier car il n'y a pas accès, dans l'incertitude et l'angoisse, et de faire tourner le moulin à rumeurs à tous les vents des méchancetés. Un bel exemple est encore fourni par saint Fillon, comédien et martyr : outre son histoire pénélopienne réglée en trois temps trois mouvements de guillotine, les procureurs du PNF lui ont mijoté une petite mise en cause qui dure, elle, depuis 2017 !

Ils prennent le temps, ils ont laissé la Formule 1 pour le char à bœufs. Le père François est mis en cause depuis 2017 pour avoir rémunéré un assistant, Maël Renouard, qui l'a aidé à rédiger le livre *Faire*. Franchement, et au-delà des partisaneries politiques connes, on peut s'interroger sur les méthodes du pouvoir judiciaire pris en la personne de ces procureurs particuliers… qui reprochent à un député de faire collaborer un assistant à la rédaction d'un livre évidemment politique ! Ce serait, selon les procureurs, un détournement de fonds publics. Ils sont dingues, méchants, malveillants ! Autant la première affaire peut faire débat, autant celle-là est absurde et malveillante : pourquoi a-t-elle été disjointe ? Pourquoi faire durer le plaisir pervers pendant quatre ans ? Pourquoi emmerder un parlementaire sur le fait qu'un collaborateur l'aide dans un travail politique où il exprime sa pensée ? Autant supprimer les assistants parlementaires !

Cela pue l'acharnement ! À quelques semaines de l'appel de la première affaire, le PNF exhume ce dossier dont l'instruction occulte aura duré… quatre ans. On touche du doigt le pouvoir donné, d'abord incroyable, par Sarkozy à ces procureurs dépendants, occultes, inquisitoriaux, qui font ce qu'ils veulent en dehors de tout contradictoire ! Jamais on n'aurait pu imaginer l'existence d'un tel pouvoir kafkaïen quand je faisais mes études de droit, et pourtant il ne flottait pas une grande douceur judiciaire ! Il est temps de rétablir le droit au juge contre l'omnipotence des parquets !

— Avant que tu reviennes à ton procès des tweets en laissant un peu ce pauvre Fillon à son purgatoire, c'est quoi le droit au juge ?

— Oui, oui, tu as raison, ils m'égarent.

Le droit au juge, ce devrait être le droit pour tout citoyen mis en cause par le parquet de réclamer, au bout de trois mois, ce qui est le cas pour les plaignants, un juge d'instruction !

Pour revenir au procès ridicule des tweets, tout se passa bien, malgré un interrogatoire un peu lourd, du style : « Quand vous parlez du choc des bobos, vous faites allusion aux images qui seraient des bobos ? »

Même les assesseurs n'ont pas pu retenir un haut-le-corps !

Que répondre devant une question aussi bête ? J'ai levé les yeux au ciel, cela a suffi. Comme quoi, même une présidente a son moment de faiblesse intellectuelle. Sinon, par la suite, elle fut exemplaire d'impartialité, toujours inquiète cependant de perdre son autorité ; ça lui donnait un ton de maîtresse d'école ! Mais l'interrogatoire fut bien mené, fermement fermé, hélas, mais bon, cela m'a peut-être évité de dire des conneries. Elle craignait des débordements, qui n'avaient pas lieu d'être, bien sûr…

Le procureur bafouilla un réquisitoire confus et réclama avec une fermeté farfelue cinq mille euros d'amende… Pas cher payé pour la pub qu'il venait de nous faire ! Quand je revois, à l'origine de cette affaire Cazeneuve, son procureur, De Rugy, j'ai honte pour le ministre, le magistrat et le parlementaire de s'être prêtés à cette mascarade judiciaire.

On avait tellement peu confiance dans la justice de notre pays qu'on s'attendait à une condamnation. On a tellement été habitué à des décisions politiques ! Eh bien, divine surprise, on fut relaxé, et le procureur tout petit ne fit pas appel, ce qui montre bien qu'il n'a jamais cru au bien-fondé de son accusation.

N'empêche, pendant des années, des journalistes, dont aucun n'a fait amende honorable de cinq mille euros, nous ont emmerdés avec cette histoire cousue de fil rose, des tonnes d'explications à fournir dans les confessionnaux médiatiques, deux demandes de levées d'immunité, une convocation chez les flics, chez le juge, une audience de six heures… pour rien. Une cazeneuvade !

— N'empêche, la justice, là, a bien fait son travail. Pour toi, elle a été juste, non ? Tu pourrais au moins le reconnaître ?

— Je te répondrai avec Audiard que la justice est comme la Sainte Vierge : pour y croire, il faut de temps en temps une apparition ! J'ai pour la justice le « plus grand respect, mais… aucune confiance ».

— Personnellement, cela me dépasse, juger me paraîtra toujours une folie nécessaire… mais une folie tout de même.

— Le moine, toi, grâce à Dieu, tu as une cession de rattrapage, le Jugement dernier ; j'imagine, s'il existe, et je le crois, que les vrais méchants et les juges méchants vont passer un mauvais quart d'heure d'éternité.

— Mon cher Gilbert, je peux te dire que l'Évangile n'est pas tendre pour les jugeurs : « Ne jugez pas et vous ne serez pas jugé », « ne condamnez pas et vous ne serez pas condamné », dans l'absolu, bien sûr, des comportements de tous les jours. Du matin au soir, on est des petits juges, des mesquins, des « empoutrés » de la paille !

— Mais tu sais, le moine, il y a dans tout juge un juge petit. Juger équivaut, même inconsciemment, à postuler sa supériorité sur autrui ; c'est par essence un comportement inégalitaire et voyeuriste ! Il n'existe que trois correctifs : l'écoute, le respect, l'humilité. Souvent, on en est loin, hélas, et alors c'est la catastrophe des juges. Le respect ? Oui ! Il envoie un message essentiel au pire des pires prédateurs, voleurs, violeurs, violenteurs, tueurs d'enfants, de vieux, que sais-je ? Le respect qu'on témoigne dit la différence entre le juge, la victime, et l'assassin.

La différence, elle tient presque entièrement dans cette notion de respect. En traitant le salaud avec respect, on lui apprend le respect, tant il est vrai que l'être humain ne donne guère que ce qu'il a reçu.

Au passage, cela me rappelle une audience où le prévenu, pas du tout respectable, s'était entendu dire par le président : « Je ne vous respecte pas ! » Il pouvait le penser, ce qui pour un juge est un sacré manque d'objectivité, mais en le disant haut et fort, il atteignait là des sommets de mépris partial. J'avais présenté une requête en suspicion légitime. Eh bien, je n'eus pas gain de cause et le justiciable fut jugé par un juge qui le méprisait ; même la Cour européenne des droits de l'homme considéra qu'il ne fallait pas s'affoler qu'un juge méprisant jugeât le justiciable méprisé… Bon, il n'y a pas méprise !

— Il avait au moins le mérite de la franchise, ton juge ! Un hypocrite de moins chez les tartufes, c'est bien, non ?

— Elle est bonne, celle-là. Avec tant de mépris, il n'aurait pas dû accepter de juger, c'est la moindre des impartialités, non ?

— Si tu veux ! Mais j'aimerais bien que tu me racontes l'histoire de la pétroleuse contrôleuse qui, selon toi, est un exemple de « la petite persécution judiciaire ».

— Ah, mais tu vas voir, le moine, c'est une incroyable histoire qui en dit long sur le système.

La pétroleuse contrôleuse

— Attends, le moine, tu ne sais pas à quel point la petite persécution est à l'œuvre contre l'opposant à la bien-pensance, et toujours l'apparence de la justice est mise à contribution. La justice, un bien grand mot, pour quelques basses œuvres…

Mon épouse et moi-même, après une longue journée de travail à Marseille, prenions le train gare Saint-Charles pour rejoindre Nîmes. La gare était bondée de monde, on se serait cru à Bombay. Il était 18 heures, l'heure terrible où tout le monde prend le train pour rentrer. Évidemment, nous étions en retard et nous avons négligé de composter nos billets, nous réservant de le signaler au passage du contrôleur. Le train démarre, on se détend, on souffle tout le charbon de la journée. La vie est une aventure, le temps change, du beau au mauvais, du tranquille à l'agité, du drôle au triste, du citoyen irréprochable à l'individu anthropométrique : tout bascule vite, toboggan, glissade.

Dans la survenance des emmerdements, on tombe toujours sur le con administratif de service, le pire danger d'un jour paisible. Le con ou la conne vous attend au coin des guichets, des rues, des contrôles, des papiers, des règlements ; il faut donc veiller en permanence à la rencontre inopinée avec le gros con ou la grosse conne, armé d'un riquiqui pouvoir en pré-orgasme d'abus et qui va vous faire chier pour le plaisir. Et Dieu, lui qui voit tout de la diablerie administrative, sait qu'il ou qu'elle peut vous pourrir la vie pour la jouissance.

Digression terminée, j'en reviens à mon train qui roule.

Pour installer le décor psychologique, je dois préciser qu'à l'époque je faisais partie des « Grandes Gueules », qui n'ont de grandes gueules que le nom, et qui n'ont même plus de gueules. À la faveur des grèves de la SNCF, je m'étais copieusement engueulé avec un représentant de Sud Rail qui n'avait pas eu le dernier mot et qui l'avait mal pris. Pour moi, c'était oublié, je n'en veux jamais à ceux que je malmène.

Aucune annonce n'est faite pour signaler le passage du contrôleur. Une contrôleuse déboule, assez grande, les cheveux blonds flamboyants sur les épaules, l'avant-bras tatoué, demande les billets, et constate, délectation, que nous n'avons pas composté. Elle me dit : « Ah, c'est vous la grande gueule qui n'aime pas les cheminots ! Eh bien, vous allez avoir l'amende ! » Elle regarde mon épouse et sur un ton sévère de mégère : « Billets ? » « Vous n'avez pas composté. Il faut composter, c'est obligatoire ; on se prend pour qui ? »

Je lui dis : « Vous pourriez vous calmer ? Si vous aviez annoncé votre passage, on vous aurait signalé le crime de non-compostage ! » Elle me répond : « Soyez poli, ne m'insultez pas ! » Vu que j'ai une grande habitude des coups tordus, je souris… d'un sourire qui dit « va te faire voir, espèce d'imbécile », mais je ne dis pas un mot. Pas fou ! Alors elle demande à ma femme de justifier de son identité, ce qu'elle ne pouvait pas faire puisque tous ses papiers lui avaient été volés en Espagne. Elle exhibe le document officiel attestant du vol, et là commence le dialogue caractéristique de l'abus du petit pouvoir. « Si vous ne justifiez pas de votre identité, je vais faire intervenir la police. » Mon épouse lui dit alors gentiment que vraiment elle en fait trop pour si peu.

J'explique donc à la féroce mégère ferroviaire que la loi permet la preuve de l'identité par tous les moyens et j'affirme que madame Collard, ici présente, est bien madame Collard ; que je suis bien, passeport à l'appui, monsieur Collard. Je paye l'amende, il est vrai en souriant, mais sourire n'est pas meurtrir.

Furieuse, elle s'en va, en criant : « Pour l'identité, on verra sur le quai ! »

On se dit que l'on a eu affaire, comme d'habitude, à la conne de service, et on reprend notre lecture. On la voit tanguer dans le compartiment, d'un pied à l'autre, aller, venir, échevelée, téléphone collé à une boucle d'oreille, parler fort, très énervée. On ignore ce qu'elle manigance. Enfin, le train arrive en moche gare de Nîmes… Sur le quai, l'air cinématographiquement germanique, on découvre une escouade de dix policiers armés, engoncés dans leur gilet pare-balles. Il faut reconnaître que les associations d'idées dans ces moments-là tricotent toutes seules les barbelés mémoriels : train, gare, chien, police française, papiers ! Même si tout n'est que fantasmagorie, l'effet superposé est effrayant. On descend du train avec d'autres passagers, et l'on voit au milieu des uniformes la contrôleuse en pleurs. On comprend que le train va siffler trois fois. Les policiers s'approchent et, me voyant, marquent un temps d'arrêt, de stupéfaction, ce qui me fait comprendre que la dingo n'avait pas communiqué mon identité. Ils ne savent que faire ! L'un deux, un gradé, me dit fort poliment : « Que se passe-t-il ? Votre épouse n'a pas ses papiers d'identité ? » Je lui explique le vol, l'attestation probante et l'article du code qui autorise à faire la preuve de son identité par tous les moyens. Il le sait, l'admet et le dit à la contrôleuse… qui pleure encore plus. Je montre ma pièce d'identité pour établir que j'ai qualité à reconnaître Anne-Marie Collard comme Anne-Marie Collard. À ce moment-là, la folle ferroviaire, sous le sifflet des flics, m'arrache le document des mains ! Oui, c'est attesté, c'est noté ! Un policier récupère la pièce et, semble-t-il, invite l'arracheuse à se calmer et nous laisse partir fort poliment. Les fonctionnaires ont l'air consterné.

Pour comprendre ce que cette teigne à tampon, affiliée à Sud Rail, voulait faire, il faut un bref – très bref – point de droit.

Quand un citoyen ne peut justifier de son identité, il peut être gardé quatre heures pour vérification. Elle ignorait, l'imbécile ferrée, que l'identité peut être prouvée par tous les moyens… Elle avait organisé une petite vengeance : faire chier mon épouse pendant quatre heures de vérification ! Raté, loupé, déraillé ! Quand l'officier, dans un coin, le lui a expliqué, elle a tapé du pied, pleuré et inventé juste à ce moment-là que mon épouse l'aurait outragée. Pourquoi mon épouse et pas moi ? Parce que, moi, j'avais mes papiers ! Il faut savoir que pendant ce temps de caprice caractériel, le train a été arrêté, les passagers immobilisés, le trafic général perturbé, avec retard pour tout le monde et dix policiers utilisés à une mission débile. C'est aussi cela, la France des petits pouvoirs abusifs !

On pensait naïvement que les choses allaient en rester là. Qu'on était con en ce temps-là tout de même ! En lisant *La Provence* et *Midi libre* – libre surtout de mentir sur n'importe quoi –, je découvris des articles racontant, photos à l'appui, l'affaire de l'outrage commis par mon épouse, mais consacrés à ma personne toxiquement proche de Marine Le Pen, avec photo de moi sur le quai de la gare, entouré de policiers comme une racaille resquilleuse. Les enfoirés ! Je me prenais au passage dans le paf un communiqué rouge de colère de Sud Rail, qui m'habillait en Mussolini des outrages, et de la SNCF, qui soutenait contre moi sa malheureuse agente, victime de violences verbales inacceptables, hélas trop fréquentes, causes de tant de dépressions... Je répondais de tous les côtés, mais cela n'avait aucun effet ! Ce qui démontrait à l'évidence la manipulation, c'était qu'à supposer que mon épouse ait commis un outrage, pourquoi s'en prenait-on à moi, sinon par vindicte politique ?

— Bon, ce n'est quand même pas le crime de l'Orient-Express, ton histoire !

— Eh, le moine, tu ne sais pas tout, j'ai eu affaire à l'inquisiteur de Nîmes, le Torquemada du syndicat de la magistrature, l'ami de régiment de Hollande, qui une fois l'élection du mou acquise devint directeur des affaires criminelles et des grâces... Un assommeur à coup de Code, le Robert Gelli ! Aujourd'hui, par la bonté d'Albert, roi d'opérette fiscale, il est perché sur le rocher de Monaco comme ministre de la Justice. Il s'en est défendu, mais dans un livre intitulé *Bienvenue Place Beauvau*, écrit par trois journalistes sérieux, son rôle lugubre dans un cabinet noir a été évoqué...

— Qu'est-ce qu'il a pu faire, ce Gelli ?

— Alors que ce genre d'affaire a rarement de suite pénale, sauf circonstances graves, le procureur en titre va s'en saisir, ouvrir une enquête préliminaire, faire entendre la contrôleuse, son collègue, mon épouse par un commissaire divisionnaire, mais aucun des passagers présents dans le train, tout de même témoins directs, ni moi-même, tout de même principal témoin. Il va lui-même signer le réquisitoire, en plein mois d'août – un procureur n'a que cela à faire –, juste après avoir déclaré dans *Le Monde* que mon élection avait libéré la parole raciste… Tout va très bien dans le monde du parti pris politique du procureur.

L'audience sera un grand moment de mesquine justice. Un président, membre maniaque du syndicat, connu pour ses idées gauchistes, préside dans sa belle robe noire du désir de punir les fachos. D'entrée, il fait connaître son opinion contre la bourgeoise qui se permet d'outrager la pauvre petite fonctionnaire de la SNCF dévouée grève après grève au service public dans la suie et le charbon. On imagine sous la toque le bruit de la bête humaine. Zola devient Zorro !

Pour ce juge, la présomption d'innocence n'existe pas. Mais le plus extraordinaire fut qu'il s'intéressa essentiellement à moi, qui n'étais pas dans la procédure… L'obsession du Front ! Évidemment, condamnée avant d'être jugée, mon épouse le fut après avoir été jugée. Oh, juste une petite amende, mais, pour le principe, c'était injuste. *Midi libre* cria de joie, *Libé* ressentit un orgasme de papier, *Le Monde* vibra d'un frisson éthique. Ils furent moins prolixes lorsque la cour d'appel, à la grande honte du premier juge, relaxa mon épouse ! Ce fut le service minimum, en bas de page, information fantomatique. On touche du doigt la malhonnêteté dans le traitement de l'information. Est-ce malhonnêteté, malhonnête ou malhonnêteté commerciale ? Les journaleux préfèrent publier le ragot plutôt que la vérité qui fait moins la danse du ventre, c'est sûr ! Tout de même, chez certains, quel métier de p… Ils devraient d'eux-mêmes rétablir l'équilibre et donner la même place à l'accusation qu'à l'innocence. Ils s'en tapent comme de leur premier ordinateur.

Cette banale affaire en dit long sur l'instrument pénal de persécution à la disposition des procureurs. Maître de l'opportunité des poursuites, c'est-à-dire libre de poursuivre ou de ne pas poursuivre qui il veut, il fait ce qu'il veut, comme il veut, et il emmerde en toute tranquillité qui il veut. S'il abuse, on l'enverra ailleurs, en province, faire le shérif ; si c'est sérieux, on l'expédiera à la cour d'appel où, de ville en ville, de train en train, de cour d'assises en cour d'assises, il ira, mal logé, mal nourri, requérir dans les cours d'assises reculées, ou à la Cour de cassation pour somme immobile jusqu'à la fin de sa carrière.

La vie des juges est un long fleuve tranquille d'irresponsabilité tant qu'entre eux et dans les hauts niveaux ils ne suscitent pas la jalousie. Sinon, c'est couteau, rapière et mortelle randonnée. L'exemple le plus significatif est celui de Gilbert Azibert, que j'ai bien connu quand il était substitut à Marseille et que j'ai toujours estimé comme homme et magistrat. À côté de beaucoup d'autres, quelle intelligence humaniste ! Fatale intelligence : les jaloux ne l'ont pas raté. De substitut à Marseille, il a gravi tous les échelons qui de la gloire amènent à l'échafaud social : ancien directeur de l'École nationale de la magistrature, procureur général à Bordeaux, premier avocat général à la Cour de cassation, directeur des affaires criminelles et des grâces, il va finir devant le tribunal correctionnel pour trafic d'influence et violation du secret de l'instruction ! Oh, en belle compagnie : celle de Nicolas Sarkozy et de son avocat Thierry Herzog. Et vlan ! Il sera condamné à de la prison ferme ! Oui, pas de cadeau pour les caciques judiciaires de droite. À mon avis, la cour d'appel remettra de l'ordre dans ce délire punitif, mais d'ici là, quelle souffrance d'attente !

Tu me diras, « mais que faire ? »

Quand tout fout le camp, ça commence par la justice, et cela fait un long moment que les Français n'ont plus confiance en elle ! Dans les cahiers de doléances d'avant la Révolution, la première préoccupation des Français d'alors, c'était la justice, ou plutôt l'injustice. Qu'on y prenne garde !

L'affichage politique de certains juges, notamment du syndicat de la magistrature, y est pour beaucoup. On n'imagine pas le mal que le mur des cons a causé à l'institution, surtout quand on y a vu épinglés des parents de victimes. L'outrage au malheur !

On a tellement l'habitude d'être pris pour des cons que l'on a oublié l'affaire du mur judiciaire des cons. Cette amnésie immédiate et contemporaine constitue un facteur de la dégradation de la vie politique : on a la mémoire qui flanche, surtout au moment de voter !

Petit rappel à l'usage des cons à la mauvaise mémoire. L'affaire éclate en 2013, grâce à un journaliste courageux, Clément Weill-Raynal, qui diffuse l'image du mur. Il aura du reste des ennuis avec sa chaîne, France 3, et avec ses collègues journalistes de gauche qui lui reprocheront d'avoir fait son métier, chose suffisamment rare pour les surprendre. La publication du mur de la honte provoqua une légitime indignation, d'autant que figuraient les têtes de con de deux pères de jeunes victimes.

On s'est dit : « Mais comment des juges osent-ils faire une pareille vilenie ? » Les citoyens ont alors mesuré tout le mépris d'une caste qui non seulement vous juge, mais en plus vous juge… con ! Un comble, le con ! Comment croire à l'impartialité de ces magistrats, à leur humanité, à leur intelligence, à l'obligatoire modestie intellectuelle qu'exige la mission ? Comment faire confiance à ce ramassis de prétentieux vulgaires ?

Tout le monde, à l'exception des intoxiqués politiques comme Mélenchon, y compris les magistrats, a été indigné, mais comme toujours l'indignation fut sans lendemain.

La présidente du syndicat, Françoise Martres, la conophile, sans aucun doute à ses propres yeux nullement conne, se justifia comme un voleur de poules dans le poulailler en invoquant la persécution politique : « Le syndicat de la magistrature est un syndicat de gauche, alors certains ne le supportent pas, mais cela n'a rien à voir ensuite avec notre partialité et notre impartialité. » C'est chronique, être de gauche constitue en soi une circonstance absolutoire, un certificat de persécution, un brevet de causes justes. À l'écouter, on manquerait même d'humour, on serait donc en sus des cons, certes, mais méchants ! C'est une blague de potache, sourit-elle ! Un mouvement d'humeur ! En plus, on est prié de se tordre de rire ! Ah, les sales cons qui n'ont pas la rate qui se dilate !

Au Parlement, l'orchestre verbal – tambour guerrier, harpe humaniste et cymbales de mots – de Taubira a répondu à la question d'un député. Comme toujours, elle y est allée au culot, embarquant sa réponse sur un torrent linguistique de vocables ronflants pour conclure par un insupportable « les cons peuvent porter plainte s'ils le veulent » !

Quelques têtes de l'affiche ont écouté son conseil, et la présidente s'est retrouvée mise en examen pour injures, ce qui l'a énervée, au point qu'elle répondit au juge qui, poliment, lui demandait le nom du colleur d'affiches : « Vous n'avez qu'à chercher vous-même ! » On a connu des justiciables qui se sont pris un outrage pour moins que cela…

Ce qui compte, c'est de savoir ce qu'est devenue, au fil du temps qui oublie, l'affaire du mur des cons. Finalement, sainte Martres des persécutions de droite écopa d'une amende de cinq cents euros ! Pas cher payé pour la vilenie. La vraie punition intervint au moment des élections professionnelles où le syndicat prit une claque. Quant à Françoise Martres, surtout, n'aie pas d'inquiétude, elle ne longea pas les murs, oh non ! Elle bénéficia d'une promotion à la cour d'appel de Bordeaux…

Voilà la morale de l'histoire, il n'y a plus aucune morale, tout est affaire de combines politiques : il ne faut pas fâcher le syndicat !

Il existe une compromission d'intérêts entre tous les corps de l'État qui s'auto-promeuvent. On peut même affirmer qu'il existe une entente frauduleuse pour recaser tout le petit monde des fonctionnaires ici ou là ; les places ne manquent pas. On pourrait faire l'historique des parcours, on serait vite édifié et l'on perdrait toute naïveté.

Regardez Gelli le socialiste : fin de carrière, et hop, une nomination à Monaco, sur le rocher où ce malchanceux d'Azibert rêvait d'aller ; le malheur judiciaire des uns fait le bonheur judiciaire de carrière des autres…

Observez Buzyn, à peine a-t-elle quitté le ministère de la Santé sous les huées qu'on la retrouve pimpante, bien au chaud, à l'Organisation mondiale de la santé.

Voyez Cazeneuve : outre qu'il rejoint un cabinet d'avocats, il donne aussi des cours à Sciences Po… Et cela continue…

Et Ségolène, l'ex-ambassadrice des pôles, ça fait poiler de rire !

Que faire, comme dirait Lénine ?

Oh, il y aurait beaucoup de choses à faire, si on veut les faire, et ce n'est pas avec le renégat de Dupont-Moretti qu'on y arrivera.

D'abord, mettre un terme à la fiction d'une fonction… Un juge ? On s'imagine qu'il s'agit là d'un homme supérieur, ayant fait de solides études, parfaitement équilibré, serein, détaché des ambitions, des idéologies partisanes. Un saint laïc, le dernier du calendrier révolutionnaire. D'où vient-il ? Le sentier lumineux qui conduit au sacerdoce judiciaire passe par l'École nationale de la magistrature. Depuis 1959, date de sa création, celle-ci siège à Bordeaux à côté des coteaux. Sache, pour faire court, que la licence en droit n'est pas forcément requise, pas plus qu'une expertise mentale ! Je suis pour la suppression de cette école qui forme et formate une caste. La justice n'est pas une religion, elle n'a besoin ni de séminaire ni de curé, de pasteur, de rabbin, d'imam ; j'espère n'avoir oublié personne. Or, l'École est un vase clos, une clôture !

Jamais jusqu'à présent la perverse question du pouvoir n'a été abordée. Or, elle occupe une place centrale dans la perversion judiciaire. On sait par des études statistiques que la plupart des jeunes gens et des jeunes filles qui deviendront juges sont portés par la volonté de puissance, certes pas au sens nietzschéen, mais au sens du petit chef. Deux ouvrages ont étudié la psychopathologie du pouvoir : *La Folie cachée des hommes de pouvoir* et *Le Pouvoir et la Folie*. Ces études démontrent que « la conquête et l'exercice du pouvoir ont pour but de colmater les brèches de la personnalité ». Le docteur Maurice Berger, pédopsychiatre et psychanalyste, met en évidence le fait que les sujets qui ont besoin d'occuper des positions de pouvoir présentent une maladie psychique particulière qui se fonde sur une importante fragilité narcissique et un besoin d'emprise excessif. Il faut d'abord et avant tout prémunir le justiciable de la mégalomanie judiciaire, fléau de la balance !

Un ancien juge (Laurent Lèguevaque) témoigne dans son livre – *Un juge s'en va* – évidemment passé inaperçu : « Ils sont imbus de leur fonction, pauvre engeance réduite à ce mélange de détestation et de narcissisme, pauvre bête qui fustige autrui en se lissant le poil de son hermine. »

Allons donc dans la pharmacie narcissique pour chercher les remèdes.

D'abord, interdiction formelle de citer le nom du juge d'instruction ou du procureur jusqu'à l'audience. L'anonymisation calme l'ego.

Ensuite, obliger le juge à rendre des comptes, le rendre responsable personnellement, nominativement.

Encore, lui interdire formellement de faire commerce de son métier sous la forme du livre, de l'interview, du film héroïque, de l'engagement politique, en un mot, de toute action à dividende médiatique.

Enfin, l'obliger tous les ans à se soumettre à un entretien avec un psychologue étranger à la justice pour faire le point.

Toujours, punir par des sanctions disciplinaires les attitudes inappropriées à l'audience, constatées par des inspecteurs de la magistrature en service de contrôle inopiné ou intervenant sur demande motivée d'un bâtonnier ou de justiciables.

Est-on encore libre de parler ?

Il est tout énervé, mon moine, aujourd'hui : il vient d'apprendre que l'évêque des évêques est convoqué chez le ministre de l'Intérieur pour avoir osé déclarer que le secret de la confession est au-dessus des lois.

Je le rassure :

— Cette convocation est bidon ! Tout au plus une invitation à prendre le thé. C'est une convocation pour l'Islam qui revendique la supériorité de la loi de Dieu sur toutes les lois des hommes. Bidon !

Plus ça va, moins on peut parler librement dans notre cher pays, dit de la liberté d'expression, laquelle est en voie d'extinction de voix. Le bordel médiatique remplace la discussion civique à la française, chère à Fumaroli, qui avait construit tout un art de vivre. L'échange se fait à coup de poing de mots, voire parfois, si la sécurité n'intervient pas, à coups de tartes réelles, comme cela faillit arriver entre Belattar, l'humoriste ami intime des islamistes, et Naulleau, ami intime de Zemmour, qui se fit traiter évidemment, facilement, classiquement, mécaniquement de facho par le Belattar des islamo-gauchistes.

Quand un con n'a plus rien à dire, il dit « fasciste », sans savoir du reste la plupart du temps ce que « facho » veut dire. Si l'on imposait un questionnaire historique basique à tout insulteur, on se marrerait un moment. Qu'ils sont cons, mon Dieu ! Ce mot est l'arme absolue du médiocre sans mots, de l'imbécile sans idées ! Si on dit « coco », ça ne produit pas le même effet, à cause de Chanel, sans doute ! Mais « facho », ça fait bobo, ç'est censé faire mal, ça pose l'insulteur du bon côté, du côté du bien moral, de la lutte contre toutes les imaginaires tyrannies. N'oublions pas la tranquille sagesse de Leonardo Sciascia, homme de l'honnête gauche de l'autre siècle, qui prophétisait : « Viendra un jour où l'antifasciste sera le fasciste ! » On y est !

Je me rappelle une après-midi où je me rendais à un meeting de Marine Le Pen. Il y avait une manifestation des antifas qui, sous la protection prostitutionnelle de ce mot menteur, tricheur, abuseur… se permettent toutes les violences. J'arrive tranquillement avec mon épouse et mon directeur de cabinet, Sulzer. L'esplanade est recouverte d'agités de la cagoule qui vocifèrent sous l'oreille casquée des CRS. Soudain, la horde hirsute me voit, fonce sur moi, aux cris de « À bas le fascisme ».

Très vite, je suis entouré de policiers qui me protègent, ce qui n'empêche pas quelques énergumènes de s'approcher pour me gueuler au visage : « Fasciste ! Fasciste ! » Juste en face de moi, il y a une folle aux cheveux jaune gilet qui hurle contre moi au nom de tous les peuples opprimés, de toutes les violences de l'histoire, de tous les camps de prisonniers : « Raciste, fasciste ! » Je m'avance prudemment.

J'ai quand même avec moi les matraques policières, et je lui gueule : « Dégage, sale nazie ! Dégage, hitlérienne ! » Vous n'allez pas le croire : ça a marché, cette conne s'est offusquée, elle était perdue ! Elle se défendait d'être nazie en hurlant, gesticulant, reculant ; ses cheveux jaunes ahuris fouettaient l'air.

Cela dit, j'ai quand même reçu un cocktail Molotov entre les jambes, repoussé, tout de suite, par un shoot d'un gendarme. Un aimable journaliste m'a dit : « Entre les jambes, pas dangereux ! » Il faut oser, non, dire pareille connerie ? Trivialement, je lui ai répondu : « Je ne sais pas vous, mais moi, ce que j'ai entre les jambes, cela me sert encore un peu ! »

Il existe aujourd'hui un tel bruit de mots, une telle pléthore d'intervenants, un tel besoin d'occuper l'espace commercial du vide médiatique par le son même le plus bête qu'on n'entend plus rien, ne comprend plus rien, ne retient plus rien.

On est gavé, abruti par une fureur sonore, on est même trompé par elle car elle laisse croire que la parole est libre, alors que l'audace, le non-conformisme, la vérité d'évidence non labellisée sont condamnés, voire poursuivis, par le grand méchant loup de la République, le procureur ! On est trompé par l'ouverture des écluses médiatiques sur la réalité de la liberté d'expression en ce sens que la saturation étouffe la liberté.

Le collectivisme de la parole impose le conformisme.

Le syndicalisme de la parole impose le conformisme.

L'idéologisme de la parole impose le conformisme.

La surveillance institutionnelle impose le conformisme.

Je l'ai vécu maintes fois. Un souvenir sur RFI, en présence de mon épouse : le journaliste m'interviewe véhémentement à coup de massue de langue de bois, puis à la fin m'invite à prendre un café dans son bureau. J'accepte le café du condamné. Surprise, à peine le café sucré, le journaliste s'excuse du ton employé, mais, me dit-il, « si on veut continuer à travailler ici, il faut être vache avec les gens du FN et dire le mal que tout le monde dit ».

Il s'agit là d'un conformisme de protection…

J'en ai vécu une autre qui vaut son pesant de soumission sur France Info avec Gilles Bornstein, le journaliste qui veut interdire Zemmour. Ce journaliste de convenance n'est pas un méchant bougre, non ! Il est tout de gauche, tout connement de gauche, tout gentiment de gauche.

Un jour matinal où il m'interviewe sur le racisme dans la police, il me dit tout en roue libre : « Mais il y a beaucoup de racistes dans la police et beaucoup de policiers au FN. » Il fallait donc en déduire que le FN était un réceptacle de policiers racistes… Quand je lui fais remarquer que son propos pouvait l'envoyer en correctionnelle pour diffamation, il se liquéfie et affirme qu'il n'a pas dit ce qu'il vient de dire ! Bon, les téléspectateurs et moi, nous avions eu la berlue.

Terrible, l'effet du conformisme des « chloroconformes ». Ils maudissent, ameutent et mordent avec la meute !

On est entré aujourd'hui dans ce monde de fous où l'économie médiatique, narcissique et audimatique prime sur tout.

Toutes choses précieuses sont devenues marchandises à vendre aux marchés aux bestiaux des télés, c'est comme cela, une histoire qui hier encore faisait du Giono fait aujourd'hui de l'Hanouna ! Le fait divers qui inspirait Simenon titille aujourd'hui Morandini, et c'est loin d'être le pire ! Le peuple ne court plus au spectacle de la cour d'assises, il regarde « Faites entrer l'accusé », que du vécu par procuration.

Comment est-on devenu si con et en même temps si conformiste, l'un n'allant peut-être pas sans l'autre ?

Il y a quelques années, on pouvait voir sur le plateau de Bernard Pivot l'immaculée chemise blanche du marchand de lessive d'idées, Bernard-Henri Lévy, débattant poliment avec… devinez qui ? Incroyable ! Bardèche, l'infréquentable beau-frère de Brasillach et auteur de *Nuremberg ou la Terre promise*, livre fervent dans lequel il défend l'Allemagne nazie, quasi-inventeur avec le socialiste Paul Rassinier, ancien déporté et ancien député SFIO de Belfort, du négationnisme. Eh oui, on ne le dit jamais, et pourtant l'inspirateur de Faurisson fut un socialiste ! Il venait de publier un livre, le beau-frère, sur Louis-Ferdinand Céline à la Table ronde, et BHL, lui, *Éloge des intellectuels*. Jamais aujourd'hui BHL, le géant photographique sur la petite pointe de ses petits pieds, ne prendrait un tel risque… Au demeurant, ça leur va de reprocher, aux uns et aux autres, un dîner avec celui-ci ou un déjeuner avec celle-là ! Faut dire que BHL est le patron incontesté du syndicat des intellectuels professionnels de la morale. L'espèce existait déjà, mais avec la chemise blanche, elle a pris un caractère systématique. Je me maquille donc je suis, telle est la devise du guignol qui court dans le cimetière du Père-Lachaise après les grandes ombres dont il voudrait vêtir sa réputation. Depuis Voltaire et son combat pour l'innocence de Calas, les grands – Diderot, Chateaubriand, Lamartine, Hugo, Anatole France, Barrès, Zola, Hemingway, Malraux, Picasso, Camus, pour les authentiques au péril encouru – adoptèrent face à l'histoire une attitude politique. Sartre, lui, pauvre en vrai combat, distribuait *La Cause du peuple* devant l'usine Renault à Boulogne-Billancourt sans autre risque qu'un rhume prolétarien ou appelait avec Serge July au lynchage d'un notaire à Bruay-en-Artois.

Ainsi naquit la génération des faussaires aux bons sentiments, des menteurs magnifiques, des marchands de paradis idéologiques. Chaque laïc avait son abbé Pierre dans sa romance, et même Sartre se croyait un saint rouge.

L'hypocrisie, le mal fatal de la démocratie, fait des ravages : on ne croit plus personne. Le peuple des dupes, c'est fini ; du moins, je le crois ! Ce qui explique peut-être le phénoménal taux d'abstention aux élections, ce fameux piège à cons qui fonctionne avec de moins en moins de cons, cependant cocus, lorsque à l'arrivée il y a l'élu de leur abstention qu'ils ne voulaient pas. Un Macron au rabais électoral, quoi !

Les Grecs, pour constater que la démocratie se mourait, disaient que la Pnyx, la colline où se réunissait l'Ecclésia, était vide… Que dire alors de la colline aux urnes ?

Maurice Garçon, académicien et avocat, auteur d'un journal mémorable tenu sous l'Occupation, certes aujourd'hui complètement oublié, plaçait la liberté d'expression au-dessus de toutes les libertés [6]. Pourquoi ? Parce qu'elle est indissociable, écrivait-il, de la liberté de conscience, de la liberté de penser. Il n'est pas d'exemple d'autocrate, de tyran, qui respecte, supporte la liberté d'expression. Aujourd'hui, l'autocrate est collectif : c'est la pensée unique, le conformisme logique, les minorités tyranniques, la « cancel culture », l'opinion des salons gauchistes de France Inter, la morale unilatérale à usage esthétique, les greffes du cœur généreux sur les

6. *Défense de la liberté individuelle*, Fayard, 1957.

pires égoïsmes et, attention au tournant, les procès parce que ça y va du coup de glaive sur la langue. Aujourd'hui, les langues bien pendues finissent… pendues haut et court à la potence du juge et du journaliste.

Le journaliste dénonce, le procureur se baisse, ramasse et poursuit. Albert Londres doit se retourner dans sa légendaire valise en voyant ses confrères posthumes être des indicateurs de police, lui qui ne respectait que l'indicateur des chemins de fer !

On vit une sorte de guerre civile des idées qui annonce l'autre guerre civile, celle-là dans les faits. Selon Régis Debray, l'intellectuel français est en phase terminale : il recherche le ring, l'instantanéisme, la controverse pour l'altercation, la soumission à une grande idée. La vie intellectuelle est inexistante, on a des oreilles mais plus de cerveau. Tout est bruit et fureur, furibards et tontons flingueurs du téléviseur. On s'engueule et plein la gueule ! On cherche les grands penseurs, les extracteurs des vérités de ce monde fou, comme un Marx avait pu le faire sur le capitalisme, un Maurras sur l'ordre, un Aron sur le réel en politique, un Camus sur la révolte, un Lacan sur la parole… Adieu poètes, aussi. Ah oui, adieu poètes, qu'êtes-vous devenus ? Il en est des poètes comme de certaines espèces d'oiseaux rares dans la nature : une certaine pollution environnementale les fait disparaître. Au vent mauvais s'en sont allés. Cependant, il faut se rassurer, la beauté est préservée, emballée, pesée ; Christo est passé, l'Arc de triomphe est empaqueté ! Amen !

Faute d'intellectuels bâtisseurs, de penseurs, on a les experts autoproclamés, experts en tout, diplômés souvent, de BFM, LCI, CNews. Ce ne sont plus les facs qui délivrent le droit d'enseigner, ce sont les chaînes de télévision, parfois si connes, pas toujours, certes !

Le grand moment de l'expertise délirante fut l'exploitation de la Covid-19, qui produisit une génération spontanée d'experts en épidémies, professeurs, généralistes, urgentistes, je-m'en-flûtistes, jamais d'accord, jamais contents, mais si fiers de se montrer maquillés à la télé. On n'imagine pas l'effet télé sur les esprits : ça les déglingue complètement, d'un point de vue psychiatrique.

Un jour, un journaliste me demande le nom d'un épidémiologiste pour l'interviewer sur la pandémie. Je donne le nom d'un ami, bon médecin, calme, jusqu'à présent inconnu de la lucarne et vivant heureux. Il passe à la télé. Bon client, il y repasse, et voilà qu'il devient accro. Sa femme aussi, trop fière qu'on lui dise qu'on a vu Jojo à la télé. Il me téléphone alors plusieurs fois par jour pour se faire inviter, ce que je ne puis faire. Il me demande de lui recommander une attachée de presse, même chère, pour faciliter ses passages… Terrible maladie ! Ce n'est pas par les couilles qu'ils nous tiennent, c'est par l'ego, l'image, la nôtre, les autres. Les images toujours pour les enfants bien sages attentifs au premier rang de la classe. Grand siècle des cocus de l'image ! Kundera avait bien raison de parler d'imagologie dans son livre *L'Immortalité*.

Autrefois, la gloire du journaliste, elle était avec Albert Londres dans les tranchées, devant la cathédrale de Reims en feu, avec Orwell et Hemingway en Espagne, pour essayer de dire le vrai du réel et non l'accommodation du réel à la perversion idéologique. Aujourd'hui, c'est BHL en photo avec des Afghans, debout sur la petite pointe des petits pieds pour paraître plus grand ! Merde ! La vérité est en image, le dernier mot est toujours pour Walt Disney. Que faire ? On assiste à une infantilisation par l'image ! Le poids des mots pèse un plumage, et le choc des images un dopage. L'intellectuel en est réduit pour exister à ramper, dans le pire des cas chez l'épileptique plein de tics et de talent circassien – Hanouna –, dans le meilleur chez Pascal Praud. Où qu'il aille, il monte sur un ring, obligé de boxer les mots et les idées du contradicteur, lui en mettre plein le pif pour la grande gloire du PAF, renoncer à la vieille controverse d'antan pour les intelligents et plonger dans l'altercation pour les couillons. Il faut de l'engueulade, de l'instantané ! Tout cela, sauf erreur, remonte à Michel Polac, un vieil intellectuel raté de la gauche ébouriffée qui a instauré le bordel du débat intellectuel sous couvert de liberté d'expression. On savait en allant dans son émission qu'il fallait foutre le boxon. J'y suis allé plusieurs fois, histoire de me faire connaître, de paraître, d'être médiatique. On était dopé à la vodka cachée sous le jus d'orange ! Les plus grands intellectuels de gauche d'alors y sont allés pour gueuler un coup. C'était le coup d'État des grandes gueules ! Ridicule, absurde, médiocre. Il fallait foutre le bordel, le reste importait peu, et les idées, les concepts, les analyses n'obéissaient plus à aucune hiérarchie, à aucune discipline, c'était des balles de ping-pong. On était déjà chez les vieux soixante-huitards, bouffis d'alcool, enfumés, endrogués, qui croyaient ne pas vieillir en s'accrochant aux manies de Mai, des endoctrineurs de lubie. La gauche étant au pouvoir, la morale a ouvert alors toutes ses boutiques putassières. La plus belle étant celle de SOS Racisme. On a vu naître alors l'obligation de servir une grande cause, une haute idée, prémisses de la bien-pensance, pour paraître quelqu'un de bien, de chic à gauche, et l'apparition de ce que Régis Debré nomme le « narcissisme moral ». L'intellectuel gnomique !

Contrairement à ce qu'affirme Christian Salmon, ce n'est pas Trump qui a mis fin au temps du récit. Pour entrer dans la transgression, le billet de cinq cents francs brûlé en direct par Gainsbourg, les gants de boxe de Tapie et Le Pen, j'en passe et des meilleures, ont inauguré depuis longtemps la transgression. Attention, la seule bonne transgression est de gauche, qui se permet tout, ose tout : l'insulte, l'étron, la moustache… tout ! Ils règnent dans le narcissisme moral. Le Narcisse sur le gâteau, c'est Ruquier ! Riquiqui Ruquier, le perruquier de gauche ! On comprend Le Goff, pour qui se rendre chez Ruquier est « une forme de déshonneur », dit-il, ajoutant : « Il y a des seuils à ne pas franchir… » Chez Ruquier, la barbichette blanche brève, on est ailleurs, on est dans la bêtise officialisée, le contentement gastrique de soi. Le rire de Ruquier, ce rire des épaules, en dit long sur le portemanteau de la gauche médiatique d'État, celle qui se charge de dire comment il faut penser, ce qui fait l'actualité et quelles sont les voix qui méritent de s'exprimer. Pas gêné, sur France 2, dans son émission « On est en direct », le 2 octobre 2021, il ouvre sa petite miaule et de sa crécelle de voix pousse un cri du cœur pour l'union de la gauche devant un Mélenchon médusé. Il révèle avoir voté pour lui lors de la présidentielle de 2017 ! Et désespéré, il castafiorise une indignation qui fait vibrer les poils de sa barbe de gauche, comme s'il était dans un meeting : « Cette fois, je vais peut-être voter Macron dès le premier tour parce que je n'ai pas envie de me retrouver avec un deuxième tour Marine Le Pen-Zemmour ou Zemmour contre je ne sais qui ! » Imagine un mec de droite à sa place ? Le bordel, le scandale, le CSA, la rogne des commentateurs outrés, asphyxiés par une horripilation idéologique, la Schiappa survoltée jusqu'à l'excitation verbale !

Mais là, rien, pas un mot ! Il offre quand même une tranche de propagande indirecte aux frais du contribuable sur une chaîne du service public, trottoir public, sans se gêner. Tu me diras, quand on est de gauche, on ne compte pas avec l'argent du redevable qui paie la redevance. Tu me diras, ils ne se cachent même plus pour nous prendre pour des cons. Aymeric Lompret, un nom bien adapté pour une peau de vache, chroniqueur sur France Inter, a salué mi-octobre par un « merci les fachos d'avoir payé votre redevance pour qu'on dise que vous êtes de gros cons ». Il fait de l'humour, le barbu de Lille, donc il faut rire. Ben oui, c'est de l'humour de gauche, donc on doit rire, sinon on est facho, con et gros con ! Ça en dit long sur le sentiment de supériorité de ces supplétifs et sur leur mépris du populo. Les mêmes qui reprochaient le « casse-toi pauvre con » de Sarkozy !

Les radios du service public touchent six cents millions d'euros, un budget colossal, presque pas de pub, ce qui garantit un confort d'écoute, un déploiement d'émetteurs sur tout le territoire, c'est dire qu'ils ont la belle vie, ces militants rémunérés sur nos cons de deniers ! Comme la Charline Vanhoenacker, celle du Zob : ça, c'est bien de l'humour belge avec le zob du Manneken-Pis, la moustache à la Hitler sur une affiche de Zemmour. Elle est drôle, la frite belge ! Comme l'Askolovitch Claude qui fut longtemps un frustré de l'image, un jaloux, qui fait la revue de presse sur France Inter, auteur enamouré de *Nos mal-aimés, ces musulmans dont la France ne veut pas* qui a promu le boulanger arabe, qui devint le boulanger de l'Élysée avant d'être dans le pétrin pour cause de radicalisme islamiste. Évidemment, il a perdu la niche de pain du palais ; évidemment, il nous a pris pour des cons, mais il a été défendu par le Claude en ces termes : « Makram, c'est vrai, relayait parfois des messages assez idiots, énervés, venus d'autres profils, mais pas d'appels au djihad, au meurtre. » Une victime en somme, selon le Claude, de « son passé électronique ». Oui, le Claude, électronique ta mère ! Attention, c'est de l'humour. Je dis bien, c'est de l'humour !

La mainmise culturelle de la gauche

— La vie intellectuelle est inexistante, me dit mon moine. Hélas ! Et le déclin vient directement de notre système éducatif, qui a renoncé aux humanités, aux lettres, à l'histoire, au respect des mots. Tu me diras, un trop grand nombre d'enfants qui entrent au collège ne savent pas lire !

Je ne dis pas de revenir au latin, faut pas rêver, mais au moins à cette idée basique formulée par Jean-Pierre Chevènement : « Il faut commencer par apprendre à lire, à écrire et à compter. » Élémentaire, comme on disait de l'école !

— Donc, pas étonnant que l'on ait été incapable d'intégrer ce nouveau mode de lecture que sont les médias à l'enseignement, comme on a su le faire du livre au moment lointain de l'imprimerie.

Et quel bouleversement ce fut : un nouveau mode d'expression, une diffusion des idées, une rupture de l'isolement… Mais on a appris à lire, à commenter, à se méfier, à raisonner…

À ce jour, on ne sait toujours pas lire les médias ! Ce phénomène collectif d'importance unique dans l'histoire du psychisme humain n'a été que tardivement appréhendé, hélas, et seulement en 1985, par Jean-Pierre Chevènement, qui a veillé à ce que chaque établissement scolaire soit doté d'un téléviseur et d'un magnétoscope. Il reconnaît lui-même que ce fut bien insuffisant « tant que le téléspectateur sera dupe d'une prise de vue, d'un montage, d'un scénario à thèse ; tant qu'il n'aura pas à démythifier la télévision, il ne sera pas citoyen, et les hommes de la télévision ne sentiront pas l'aiguillon d'une exigence critique qui les amènera eux-mêmes à une exigence professionnelle plus haute » [7].

Cette négligence a fabriqué une génération d'illettrés des médias. Au commencement, c'était du divertissement ; maintenant, c'est de l'asservissement ! Ce n'est pas pour rien, mon cher Lacan, que cela s'appelle une chaîne… enchaînée au plus dur système de prostitution financière qu'on appelle l'audimat.

Même l'écriture n'échappe plus à cette loi économique. Écrire un livre, c'est beau, mais l'écrire seulement en fonction de l'espace médiatique, en fonction de la réception médiatique, c'est moche,

---

7. *Une certaine idée de la République m'amène à…*, Albin Michel, 1992, p. 244.

et c'est pourtant ce que font un BHL et beaucoup d'autres, par la force des choses. Que de livres de circonstances même pas atténuantes ! C'est normal d'écrire pour être lu, donc vendu, mais de là à concevoir l'œuvre en fonction du trottoir médiatique, il y a un pas de pute à ne pas franchir. C'est pourquoi, peut-être, Bourdieu voyait dans la télévision un espace aliénant.

L'énorme paradoxe de ce siècle cinglé – il n'y en a pas qu'un –, c'est que le phénomène collectif des médias organise une dictature des minorités. Les exemples foisonnent ; il existe une corrélation entre le médiatiquement correct et le minoritairement correct. Pourquoi Greta est-elle devenue, sous ses airs d'emmurée renfrognée, une icône ? D'un coup de baguette à frime ? L'argent, les lobbies ? Pourquoi, dans une même musique, tous les médias, au même moment, sur le même air, ont-ils entonné le grand air frais écologique de Greta ? Faut-il que l'abrutissement médiatique ait atteint des effets hypnotiques pour que le monde entier n'éclatât point d'un bon rire ancien devant cette farce cosmétique et que la peur soit forte devant la tyrannie des minorités ?

Comme toujours, la tyrannie prend son temps ; un tyran n'est jamais pressé, jamais. Rappelle-toi : septembre 1996, le pape Jean-Paul II est à Reims à l'occasion de la commémoration de Clovis, premier roi franc à se faire baptiser. Clovis, la cathédrale du sacre des rois, la sainte ampoule, le pape, l'horreur pour la minorité mesquine des laïcards qui déclenchèrent un « sociodrame » ridicule dans lequel on s'écharpa… dans les médias ! Comment l'État pouvait-il mettre la main à la poche ? Les radins, pas plus nombreux qu'une botte de radis, réussirent à foutre le bordel ! Bon, un petit bordel, mais tout de même, ils perçurent la grande faim de polémique des médias et s'en donnèrent, ensuite, à cœur joie avec les crèches, les processions, les croix, les calvaires : bouffer du curé n'est plus comestible, alors on bouffe l'histoire chrétienne et ses représentations.

La tyrannie des minorités est un mal qui ruine la démocratie, puisqu'elle nie le respect du règlement majoritaire. Elle est partout, cette tyrannie, et, drame, elle se vend bien sous forme de débats, de polémiques, de livres, de thèses, de conférences, d'exclusions, de punitions ; elle se vend bien sous forme de fausses originalités, fausses barbes, faux froufrous, marginalité confortable, fausses modernités, anti-conformisme conformiste mais avant-gardiste par la magie du boboïsme.

En 2002, Houellebecq est poursuivi, mais relaxé, pour injure raciale pour avoir dit : « La religion la plus con, c'est tout de même l'Islam. »

En 2007, c'est le procès des caricatures de Mahomet dans *Charlie Hebdo*.

Georges Bensoussan poursuivi, Zemmour poursuivi, Camus poursuivi ; la conférence de Sylviane Agacinski à l'université de Bordeaux, décommandée le 24 octobre 2019 pour cause de menaces de groupes LGBT, solidaires étudiants, riposte trans, mauvais genre et « wake up », et l'université se déculotte et décommande ! Que feraient-ils, ces glorieux, sous un régime autoritaire, voire un peu autoritaire ?

En mars 2018, incroyable mais vrai, *Les Suppliantes* d'Eschyle, qui devaient être jouées à la Sorbonne, ne peuvent l'être pour cause de crime de « black face » ; franchement, ça fait peur ! Non pas que des grands blessés narcissiques le demandent, voire des fondus de l'année, mais que l'autorité s'incline, se rapetisse devant une telle exigence méprisable, idiote, cela veut dire, très clairement, qu'en fonction du contexte, de l'atmosphère, de la pression médiatico-mondaine, de la peur des emmerdements, on cédera à tout ; que, donc, affaire d'ambiance, tout peut arriver dans l'empire de la trouille. Un intellectuel remarquable et honnête comme Mohamed Sifaoui doit subir l'affront d'être désinvité d'un colloque à la Sorbonne sur la radicalisation islamiste : là encore, la lâcheté l'emporte ! À la même époque, Élisabeth Lévy et Enthoven sont décommandés pour cause d'antiféminisme par des féministes diplômées en féminisme furieux par l'université de leur propre ego.

Même les livres n'échappent plus à cette pudibonderie historique au camp de rééducation rétroactive. Ainsi, *Autant en emporte le vent*, ce beau livre, ce grand film, subirent-ils les foudres de la censure pour cause d'apologie de l'esclavagisme ! Que dire après tant de folies ? Qu'il existe encore pires fous au royaume des dingues. Vois, juge… l'anthologie de la société américaine d'entomologie qui annonce changer le nom de certains insectes jugés insultants ou racistes, comme le papillon gitan ou la fourmi gitane…

Courant septembre 2021, dans une université américaine, deux étudiantes noires lancent une alerte en publiant une vidéo pour demander à deux élèves blancs de quitter la bibliothèque sur-le-champ ! Pourquoi ? Ils exhibent un sexe, une arme, un sabre ? Non ! L'un a sur son ordinateur un autocollant « Police lives matter », l'autre porte sur son tee-shirt l'inscription « Je n'ai pas voté Biden » ! Et l'esbroufe marche ! On les vire ! On est vraiment entré dans l'ère de l'intolérance violente.

Rappelle-toi, les santons souvent saouls de Nuit debout, en mars 2016, regroupés pendant trois mois dans une coalition improbable d'associations contre la loi El Khomri : ils faisaient ce qu'ils voulaient, pourrissant la vie nocturne des riverains qui devaient la fermer et ramasser les ordures. Le 16 avril, pauvre Finkielkraut, passant de Paris, fait son Restif et, curieux, s'en va voir ces nuits révolutionnaires ridicules. Il s'est fait jeter, insulter ! Dehors ! Il n'en est pas revenu de cette gauche extrême méli-mélo des délires contemporains.

Anecdotes, me diras-tu ? Non, parce qu'il y a des fondements et des suites… Le phénomène énorme, ce sont les nervis d'antifas qu'un pouvoir piteux a trop longtemps laissés faire au seul bénéfice d'un trafic de mots. Ils commettent les pires violences, cassent du flic, insultent, violentent, incendient sous couvert de lutter contre un fascisme inventé, justificateur des casseurs, et, par peur du mot, on laisse faire ! Il suffit aux fascistes de se déclarer anti-fascistes pour foutre une trouille sémantique au petit pouvoir et tout se permettre. Tu imagines, lorsque l'on passera des mots aux actes, la colique gouvernementale. En réalité, ces antifascistes fascistes n'en ont rien à foutre des fascistes qui n'existent pas, ils le savent, mais ils ont trouvé là le prétexte sémantique, le jeu de mots pour s'en prendre à l'État dont ils veulent la désintégration.

Les mésaventures de Peter Boghossian, professeur de philosophie à l'université d'État de Portland, valent le détour narratif. Heureux comme un philosophe dans ses livres, il enseignait la philosophie de l'éthique, matière a priori fort peu explosive, sauf que ses philosophes sont tous blancs, ce qui est mal vu… sauf qu'il conteste la culture « woke », sauf qu'il refuse l'idée que le sujet principal est celui de la « justice raciale » comme l'exige le président de l'université. Son hostilité socratique à la sottise woke qu'il exprime librement attire alors sur lui toutes les haines de la bien-pensance conformiste : évidemment, on le traite de nazi, de fasciste, de sexiste, d'homophobe, de misogyne parce qu'il souffre que les étudiants ne veuillent plus discuter avec des interlocuteurs d'une opinion différente, qu'ils renoncent à la curiosité intellectuelle, au débat. Il ose, crime de lèse-majesté verbale, crier que la culture woke détruit tout sur son passage, empêche l'esprit critique, endoctrine, qu'elle est une usine idéologique ! Il a dû quitter l'université sous les crachats… Putain d'époque au langage meurtrier, éradicateur. Et cela va jusqu'à l'ostracisme médiatique sur France Info TV : Gilles Bornstein veut interdire Zemmour d'antenne, reprenant là la théorie de toute une école de gauche qui refuse le débat et ostracise l'homme ou la femme supposé d'une droite ferme. La momolle, ça va, mais pas la dure ! Les chefs de file Édouard Louis, Geoffroy de Lagasnerie, Didier Eribon refusent toute conversation civique et se réclament de Foucault, Bourdieu pour claquer la porte au nez des mal-pensants. On est loin, avec ces intolérants, de la tolérance de Voltaire ; on est loin aussi de son génie ! Le pur produit farfadet de cette philosophie de la censure, c'est la Anne Hidalgo, plus âne que son prénom, qui refuse de débattre avec « ce guignol de Zemmour »… *Libération*, qui ne libère plus rien sinon beaucoup de vent, se demande s'il faut débattre avec le géographe Christophe Guilluy, dénommé géographe de formation… parce qu'il ferait le jeu de l'extrême droite.

Récemment, Bright Sheng, compositeur réputé qui a travaillé avec Bernstein, a été poussé à la démission. Pourquoi ? Il aurait harcelé des étudiantes ? Non ! Il a montré à ses étudiants une version de 1965 d'*Othello* interprété par Laurence Olivier grimé en noir !

Le racisme, l'esclavagisme, le colonialisme constituent des horreurs inhumaines, hélas présentes partout dans l'histoire humaine. Il faut être un méchant con psychiatrique pour penser le contraire ! Il faut lutter contre le racisme intérieur et extérieur qui est un crime contre l'idée même d'humanité. Mais faut-il faire des procès anachroniques contre le présent en ce qu'il porte le poids du passé ? Juger ce passé, oui ; le contextualiser, oui ; le condamner à la lumière d'aujourd'hui, oui, mais pas à la chandelle d'hier ! Je suis contre les règlements de comptes anachroniques qui ne peuvent se payer en monnaie d'époque. Ce n'est pas la même époque, ce n'est pas la même monnaie, n'en déplaise aux faux monnayeurs de l'histoire.

Dans le même mouvement, on déboulonne les statues d'hier au nom de l'esthétique morale d'aujourd'hui, la bonne blague ! Même Jefferson, le père fondateur des États-Unis, n'y échappe pas ! Celui-là même qu'on appelait dans sa cité de Charlottesville « Monsieur Jefferson », rédacteur de la Déclaration d'indépendance et, sans le savoir, par une influence que les Français feignent d'ignorer, de l'essentiel de la Déclaration des droits de l'homme et du citoyen moins la référence à Dieu. Sa statue vénérée pendant des siècles a été virée du Conseil de la ville de New York comme une malpropre pour cause d'esclavagisme de son modèle. La réparatrice décision morale a été prise par le maire démocrate au nom de la culture woke. Déjà qu'ils n'ont pas beaucoup d'histoire, les Américains, s'ils se mettent à jeter le peu qu'ils ont…

Enfin, la vie sera plus belle sans la statue de Jefferson dans la ville aux cinq cents victimes de fusillades ! Con, con, con ! Woke, woke, woke ! Éveillés qu'ils sont, disent-ils, ces zombies de la réalité. Étrange phénomène qui s'empare de tous les domaines pour y faire régner une police du langage transformiste. Les hommes et les femmes ne sont ni homme ni femme, mais p'têt ben l'un, p'têt ben l'autre dans une incertitude qui se nomme le genre fluide. C'est glacial, effrayant. On sait que tout être humain traverse dans son évolution une période dite de latence, qui se traduit par une éphémère incertitude sur le sexe des anges. Cela passe vite, cela peut devenir, dans de rares cas, pathologie, vraie souffrance, mais cela ne devrait jamais être un motif de combat social, de lutte des classes sexuelles, de propagande pour le pénis de l'une et la chatte d'un autre.

Le langage est devenu fou ! Pablo Neruda écrivait : « Un jour, ils mettront des menottes aux mots ! » Il avait raison, il se trompait seulement de « menotteurs ».

Tout un bataillon de mots est parti à l'assaut de la réalité pour la transformer. Cela remonte aux années 1960-1970, à l'idée de violence symbolique du langage, chère à Foucault, Derrida, Barthes. Pour ce dernier, « toute langue est fasciste », rien que ça ! Cette idée de violence symbolique du langage est aussi à l'origine du politiquement correct, né aux États-Unis en 1970 et dénoncé en 1990 dans un article du *New York Times*. Terrible défiguration de la réalité que cet emploi hypocrite des mots, qui ne change rien au monde tel qu'il est mais le fait mentir par une euphémisation du langage.

On assiste alors à un dédoublement de la personnalité langagière, une forme de schizophrénie verbale, dans laquelle toutes les dérives sont possibles. Derrière ce jeu, qui est d'abord un monumental je, se cache un orgueil délirant de reconstruction fictive du réel.

La bonne vieille pute du temps de Jouvet devient une travailleuse du sexe ; les femmes de ménage, les bonnes de Genet, des techniciennes de surface ; le patrimoine du notaire devient le matrimoine de la notairesse ; les sourds, des malentendants ; « mademoiselle » ne se dit plus, c'est impudique ; l'écriture devient inclusive, éborgne l'œil et crève l'oreille… Crève-cœur des mots ! Attention, ce n'est ni un jeu ni une mode : c'est une guerre car les mots nouveaux transportent une idéologie.

Comme le dit le linguiste Bentolila, « comment a-t-on fait pour devenir aussi con » ? On assiste à la dissolution de tout langage, à la domination du langage politico-émotionnel. On en arrive à parler une autre langue, la langue de bois, et l'on suspend aux bois de justice des mots les rebelles : un Camus qui ose avant tout le monde murmurer dans sa solitude campagnarde qu'existe un grand remplacement, un Zemmour, un Le Pen et bien d'autres victimes du judiciairement correct, des toqués de la toque !

Tiens-toi bien : la créatrice de Harry Potter a été traînée dans la boue après avoir été élevée dans les étoiles des rêves d'enfants ; ses livres ont été brûlés en place publique aux États-Unis comme des grimoires de sorcière parce qu'elle avait osé rappeler la différence des sexes et que les trans ne sont pas des femmes. Les guerriers de la justice sociale sont terribles, revanchards, manichéens, intolérants, avides d'interdits et de censure. Putain de potence ! À la lanterne, les mots qui ne luttent pas contre le racisme, l'homophobie et toutes les phobies de ce siècle amphibique. Au feu des fous, les splendides tapisseries des Indes ornant la villa Médicis devraient disparaître parce qu'elles seraient « marquées par l'imaginaire colonial » ! Voilà maintenant que ces inquisiteurs s'en prennent à l'imaginaire… Qu'ils foutent la paix à nos méninges, ces emmerdeurs dangereux ! À ce rythme, ils vont, une nuit, incriminer nos rêves, punir nos cauchemars, placarder nos lapsus.

Et d'un coup, pour faire du passé table rase, voilà que le passé resurgit avec la censure *post mortem*, la pire, la plus punitive censure moyenâgeuse : le procès fait aux morts, aux âmes des choses inanimées, aux pauvres choses archaïques au nom de la haine de l'Histoire, vue comme une invention, un produit capitaliste ; une Histoire damnée par le racisme, l'impérialisme, le colonialisme, le blanc, le bourgeois, l'hétérosexuel ! Une Histoire coupable, magiquement coupable, anachroniquement coupable, d'avoir été en son temps différente du nôtre. Tu imagines un Marc Bloch, un Lucien Febvre, un Fernand Braudel, un Denis Richet, un Carrière, un Goubert, pour ne pas tous les citer ? Ne parlons pas d'un Bainville ou d'un Gaxotte confronté à ce péché mortel de l'historien, l'anachronisme. Pis, l'anachronisme moral, l'anachronisme de mœurs. Ils seraient devenus fous ! Ils en auraient perdu le sens de l'Histoire.

Toutes ces statues qu'on déboulonne, ces procès faits aux choses, ce n'est pas d'aujourd'hui. D'ordinaire, c'était pendant les périodes moyenâgeuses ou révolutionnaires. L'ancien droit superstitieux intentait des procès aux choses, aux cloches, aux animaux, cochons, sangliers, aux maisons, aux lieux des malfaisances. C'est très archaïque. Il faut remonter à l'Antiquité pour retrouver trace de procès faits aux cadavres, en cas de crime de lèse-majesté, le régicide étant décédé avant d'être condamné. Ainsi en fut-il du cadavre du duc d'Alençon ayant mené conspiration avec le roi d'Angleterre. Bien que mort, d'une mort certaine, sa mémoire est condamnée, ses maisons abattues jusqu'au premier étage, ses forêts coupées jusqu'à hauteur d'hommes, ses enfants et sa postérité dégradés. Il arrivait parfois même que les os du cadavre soient déterrés et brûlés. L'Histoire est parfois de la préhistoire !

En 1789, l'horloger Billon, surnommé « l'horloger fou », coupable d'avoir fait fonctionner une machine infernale pour se venger de son exclusion de la compagnie des Chevaliers de l'Arquebuse, fut jugé bien que mort dans l'explosion, son cadavre traîné sur les lieux et sa maison rasée !

La Révolution, elle aussi, a fait fort en destructions de statues et profanations de sépultures... Ne va pas croire que le sacrilège des violations de sépultures en la basilique de Saint-Denis, en 1793, fut l'œuvre d'un peuple de vampires historiques, assoiffés du squelette des monarques ; non, ce fut une loi – oui, une loi – qui l'ordonna. Ainsi, au nom de la loi, que d'horreurs on a commises : Turenne fut arraché du tombeau et ses dents vendues ; Henri IV ; Louis XIII ; Saint Louis ; Marie de Médicis, Philippe le Bel, François Ier,

Du Guesclin, Anne d'Autriche, Louis XIX, j'en passe et des dépouilles… Même Dagobert fut réveillé de son sommeil fainéant, lui qui dormait depuis l'an de grâce 639 ! Pure folie, qui en dit long sur le psychisme des éradicateurs de l'Histoire qui veulent changer un passé qui ne peut changer dans le passé mais qui instruit le présent. Le passé n'est qu'un prologue, disait Shakespeare : « Faire disparaître le prologue rend la pièce incompréhensible. » Tous ces « iconoconoclastes », dans leur « conoclasterie », ne comprennent pas que connaître n'est pas approuver, qu'il existe un inconscient collectif qui, comme l'inconscient individuel, ne doit pas refouler mais parler, discuter.

Il y a, comme le disait Jankélévitch, un je ne sais quoi de cannibalisme révolutionnaire dans cette entreprise, les dieux fous ou les déesses folles ont soif et vont s'entredétruire. Kathleen Stock, lesbienne et militante féministe, dernière victime du délire wokiste : elle a dû démissionner de l'université de Sussex en raison de ses positions jugées transphobes sur l'importance du sexe biologique. Cette éviction sous pression et harcèlement pendant des semaines est révélatrice du totalitarisme de la méchante mouvance woke. Kathleen raconte avoir subi comme « une sorte d'expérience médiévale » !

Tout a commencé en janvier 2021 lorsque la philosophe Kathleen Stock se voit attribuer l'ordre de l'Empire britannique… Six cents universitaires, dont aucun bien sûr n'est un sale jaloux, s'opposent à l'attribution de cette médaille. Au passage, nos modernistes iconoclastes accordent beaucoup d'importance à un colifichet ! En octobre 2021, une campagne étudiante appelle à son licenciement pour cause de transphobie ! Son crime ? Avoir défendu dans ses travaux l'importance et l'irréductibilité de la réalité biologique des êtres humains. Crime suprême, sorcellerie, bûcher ! Quand même, je ne veux pas faire du freudisme obsessionnel, mais la libido contrariée exerce aujourd'hui une sacrée contrainte, non ?

Et pendant que les belles âmes font le procès du passé avec des accusés qui restent de marbre, le présent prépare le pire en construisant une vaste entreprise de culpabilisation de l'Occident pour mieux le détruire.

Décadence

— Si mon univers était de ce monde, ce qui n'est pas le cas, je serais assez désespéré par l'état de la France, me dit mon moine. Il souffle sur le pays un vent mauvais, qui vient de loin mais frappe fort au point de renverser les vieilles murailles. Mais je ne sais s'il faut parler de décadence, d'abaissement ou de folie historique… Ou si, vieux con que je suis, la nostalgie du temps des bougies, comme on dit, m'abrutit, mais je ne le crois pas. Qu'en penses-tu ? Un homme politique peut-il encore penser et parler sans l'excitation d'une caméra ?

— Cette dernière réflexion n'est pas très charitable, et en plus elle possède la méchanceté d'être à peu près vraie. Je confesse seulement « à peu près »… On est enfermé dans un monde de merde qui est laid et con ! Un monde plein de cette bêtise qui faisait horreur à Flaubert.

J'en ai un exemple documentaire sous les yeux : je te raconte l'échange entre la précieuse ridicule Laure Adler et Franz-Olivier Giesbert dans l'émission « C ce soir » du 9 novembre. L'ancien journaliste habite Marseille, ville cosmopolite que j'ai tant aimée pour y être né et où jamais les différences des quatre coins du monde ne m'avaient choqué.

Le présentateur, sur un certain ton de procureur, lit un extrait : « Marseille, ville monde où je me sens chez moi, mais quand je me rends à pied à la gare Saint-Charles en passant par la Canebière, j'ai le cœur serré parce que pendant le trajet je n'entends personne ou presque parler français. Que va-t-il arriver à notre langue ? » se demande-t-il tristement. D'une voix, mais alors d'une voix bêtement mondaine de nonne de gauche, Laure Adler le pique, glaciale, maîtresse morale d'école : « C'est bizarre, pourquoi vous écrivez ça ? » Giesbert semble avoir heurté un iceberg ! Il en perd la voix, se tourne et retourne dans tous les sens.

« J'aimerais, répond-il, qu'ils parlent un peu plus français ! Mais ce n'est pas plus grave que ça. J'ai le droit d'écrire, j'ai le droit de poser des questions… » Et là, incroyable, la Laure lui lance sur sa rouge cravate chic : « Vous êtes blanc, quoi, et fier de l'être ! Il n'y a pas assez de blancs autour de vous ? » Le Franz-Olivier, homme de cœur et de culture, bien plus que la Laure du service public où elle a biberonné sa suffisance culturelle pendant des années, n'en revient pas et étouffe un « c'est quoi ces c… ? ». Voilà où l'on en est !

— Laure Adler, je connais, elle a été directrice de France Culture, elle a écrit un livre un peu approximatif sur Hannah Arendt. Je m'étonne de sa réaction que je trouve idiote, inappropriée. Que vient faire la question de peau et de fierté d'être blanc, qui ne s'exprime même pas, dans une réflexion sérieuse, sur la perte de l'usage du français ? Franchement, je ne comprends pas ! C'est du racisme inversé, c'est la mise en cause d'une couleur de peau blanche. Il a raison, Franz-Olivier, de pleurer la perte du parler français dans les rues de Marseille ! Camus disait : « Ma patrie, c'est la langue française. » Perdre la langue française, c'est perdre la patrie et… la partie, surtout !

— J'ai l'impression qu'elle obéit à la mode intellectuelle d'une secte. Je me disais en l'écoutant pérorer que Molière est très moderne : voilà une précieuse ridicule, une vraie, telle qu'il n'aurait pu imaginer qu'elle existât dans la réalité des salons parisiens, et – miracle des siècles – elle est là, plus précieuse que la précieuse de Poquelin.

Je ne savais pas qu'elle avait écrit un livre sur Hannah Arendt. Il y a une pensée d'elle sur laquelle elle pourrait méditer au long d'une nuit blanche : « C'est dans le vide de la pensée que s'inscrit le mal. » Mais que cherchent donc ces supposées belles âmes en créant des conflits de peau ? Par quelle envie des querelles, des haines sont-elles motivées ? Pourquoi créer des tensions, des distances sans raison ?

J'avoue ne pas comprendre et j'y vois la forme d'un snobisme intellectuel, d'un moyen de se donner du cœur sans en avoir… Du reste, Laure porte son cœur non seulement en bandoulière mais aussi sur le nez dans la forme cordiale de ses lunettes. Elle veut montrer qu'elle a du bon cœur, un peu m'as-tu-vu !

Je referme l'anecdote qui, comme toute anecdote, en dit plus que ce qu'elle dit…

— Alors, décadence ou abaissement ? Pour moi, mais je prêche, c'est le cas de le dire, pour ma paroisse, une société comme la nôtre, tricheuse en bons sentiments, falsificatrice en humanité, hypocrite, incapable de bonté individuelle mais capable seulement de générosité collective d'État, est une monstruosité d'égoïsme. Le Bon Samaritain, excuse-moi de puiser dans mes références, n'est pas subventionné, aidé par le conseil régional, le département, l'Union européenne ou je ne sais quel mécène à l'affût des déductions d'impôts. Ces salariés des charités sont des escrocs aux bons sentiments, au bénéfice du dieu diabolique : l'image, l'ego.

— Je crois que nous subissons abaissement et décadence, l'un allant du reste avec l'autre. L'abaissement, on le voit dans la diminution de la présence, de la puissance de l'État. Un pays où, tous les jours, des commissariats, des policiers, des pompiers, des ambulanciers, des professeurs sont attaqués, où un enseignant se fait égorger en pleine rue, où plus rien n'est sacré... n'a plus d'État ! En dehors des services fiscaux, quelle administration fonctionne bien ? L'hôpital est comateux, l'école, le lycée, la faculté cassés, la justice folle, l'industrie déglinguée, les frontières brisées, la souveraineté soumise, la sécurité inexistante. Comment croire encore à l'existence d'un État quand le chef est un aigu agité qui transforme le palais de l'Élysée en une boîte de nuit androgyne, qui dit tout et son contraire sur une pandémie volontairement incompréhensible ? Un banquier immature ! Comment croire encore à l'existence de l'État quand l'ancien président bibendum reconnaît avoir su, et donc son Premier ministre avec lui, que des terroristes se cachaient parmi les mignons migrants qu'il fallait accueillir bras ouverts contre le mur des égorgés, et qu'ils n'ont rien fait pour protéger ? Terrible ! Horrible !

Chaque jour un peu plus, l'État perd de son importance dans la conscience des citoyens. Orphelins de l'État, ils sont soumis aux caprices de l'Union européenne, des multinationales, des organismes maîtres de la finance, des superpuissances qui mènent la danse de la mondialisation à leur seul profit, des banques, ces charognes. L'État n'est plus qu'un percepteur qui mène une guerre hybride aux contribuables, lui prenant son pognon par tous les moyens : taxes, excès de vitesse, impôts multiples et mille trucs à piquer le fric du petit. Le résultat, c'est que le citoyen méprise la politique, ne vote plus tant il vomit tout ce monde. Il n'arrive plus à identifier et à assumer les enjeux politiques. C'est le grand cimetière des convictions.

La décadence est là, sous nos yeux, tous les jours perceptible. On la voudrait romaine à cause de l'effondrement de l'Empire sous la poussée des barbares, il y a du vrai, du vraiment vrai, mais il n'est pas convenable de le dire : on risque le pire en le disant. Et pourtant ! Qui peut nier, aujourd'hui, que la migration, en sa forme nobélisable, vertueuse, du migrant n'est qu'une escroquerie aux bons sentiments, un rachat laïque pour bobos en mal de scoutisme social ? La Turquie et la Biélorussie ont levé les enchantements des rêveurs en migrations des misères du monde. On a ni plus ni moins découvert des maîtres-chanteurs manipulant des migrants vêtus de doudounes à mille euros et armés de gants de combat, se ruant sur la frontière polonaise aux cris de « Allah Akbar », passeport de mort des frontières ! Hollande lui-même, témoin présidentiel au procès des attentats, a avoué savoir que des terroristes étaient entrés sur le territoire cachés sous le camouflage de la misère supposée des migrants. À dire vrai, on est pris pour des cons !

Au nom des droits de l'homme retournés en propagande hostile, un homicide humanitariste a été organisé contre notre société : une obligation morale mortifère, fabriquée par une perversion et une dénaturation du sens des mots, une culpabilisation collective, un clientélisme électoral [8], une rentabilité associative, des trafics d'êtres humains ont imposé l'accueil des migrants comme un devoir républicain. Et quiconque s'y opposait était exhibé sur la charrette médiatique de la honte par la charretière Elkrief, les charretiers Truchot, Cohen, les comiques de France Inter et d'autres. On n'était pas gentils, fachos ! On se prenait du BHL gros calibre tiré du mortier du dernier salon mondain. J'en passe et des meilleures… Les enchères sont ouvertes… Les images de la Méditerranée, des ONG, des trafiquants reviennent alors en mémoire. Qui, maintenant, après les accusations officielles d'instrumentalisation et de chantage, de guerre hybride, n'est pas en devoir de se demander si tout n'est pas comme cela depuis le début ?

Peu importe qu'elle soit romaine ou pas, elle est, la décadence !

— On serait bien meilleur sans la crainte d'être dupe, disait ce vieux renard de Jules Renard. D'après ce que tu dis, on est des dupes de bienveillance, des dupes estampillés dont les migrants abusent par le truchement de toutes les aides sociales, par la bouche des idéologies mondialistes, par les lois et les jurisprudences. Ce qui me préoccupe, c'est la volonté d'État de faire accepter par toute une population une migration massive dont elle ne veut pas ! Au commencement, il existe une organisation,

8. Voir le livre *Le Maire et les barbares*, Eve Szeftel, Albin Michel, 2020.

une volonté politique d'imposer l'immigration contre la volonté d'un peuple : la duperie est là. Pourquoi ? Je ne sais ! Toute la crapulerie est dans la fausse charité, la générosité prétexte pour imposer l'immigrationnisme au nom d'une vision d'État faussement charitable. J'ai crainte que la bonté individuelle qui coûte un peu ne disparaisse au profit d'une générosité collective qui ne coûte rien, sinon à l'État. La charité est un collectivisme, un turbin médiatique dans lequel il faut se montrer pour avoir la belle figure du figurant au grand cœur. Ils visent tous le prix Nobel médiatique du m'as-tu-vu ! C'est dégueulasse ! Mais n'empêche, contre vents et marées, il faut persévérer dans la petite bonté individuelle.

J'ajoute :

— Quand tu penses qu'à Calais l'enseigne Decathlon retire ses kayaks de la vente pour que les migrants ne les utilisent pas ! Ce pays est devenu fou, il prend l'eau de toute part. Une inertie fatale s'oppose à toutes ces attaques qui prennent la forme reconnue maintenant d'une guerre hybride. Cette inertie est une maladie connue des médecins légistes de l'Histoire, elle porte un nom : la perte de la vitalité historique, la *virtù*. Pour Machiavel, la décadence, c'est la perte de la *virtù*, c'est-à-dire de la vitalité historique ! Il s'agit d'une notion mal définie mais que la vie sociologique permet de comprendre, de préciser. Face aux agressions quotidiennes, la colère gronde, mais à part l'épisode des Gilets jaunes, le peuple demeure inerte. L'État lui fait tout subir – immigration, impositions, insécurité, attentats, hygiénisme sanitaire, bourrage de crâne, intimidation judiciaire, administrative, fiscale, contrôles systématiques, vol et viol de son histoire, de son identité, perte de toute souveraineté –, et pourtant il ne se révolte pas, ne fout pas tout en l'air ! Pourquoi ? La vitalité historique est en sommeil, fatiguée. Cela se traduit par l'incapacité du pays à relever les défis, pour faire simple à régler les problèmes, à réformer les institutions, à s'adapter aux nouveautés du siècle. Exemples : non seulement le défi migratoire, mais le défi des réseaux sociaux, mais l'omnipotence des Google, Apple, Facebook, Amazon, contre lesquels on aurait dû légiférer depuis longtemps, contre l'Europe qui nous domestique alors même que nous lui versons neuf milliards de plus que ce que nous recevons. Le peuple la ferme ! Le peuple subit ! Enfin, le peuple, c'est vite dit : on lui fait subir la soumission de ses gouvernants… La folie migratoire déstabilise le pays depuis des années, le jette dans les bombes, sous les couteaux des terroristes, dans une insécurité diurne et nocturne, ravitaille les réseaux islamistes, fracture la société, et rien n'est fait. Enfin, presque rien. On est incapable de répondre à la menace extérieure, comme dans les années trente, faute d'unité intérieure, faute de courage lucide. En ce temps-là, la classe dirigeante avait subi passivement l'ascension hitlérienne vers la conquête et la guerre. De même, aujourd'hui, la France subit l'ascension de l'islam radical et du terrorisme que l'on combat à coup de bougies, de fleurs, de pleurs et de défilés anti-douleur. Pour diagnostiquer l'état mental de certains dans notre pays, il faut se reporter à l'hallucinante déclaration de Raquel Garrido – porte-parole de La France insoumise, compagne de Corbière, le député, et un temps avocate de Jean-Luc Mélenchon – à propos des attentats du 13 novembre et de Zemmour qui empêcherait « la réconciliation avec les terroristes » !

Il existe donc en France un mouvement politique à caractère islamo-gauchiste qui prône la réconciliation avec les tueurs terroristes. Pour être quelqu'un de bien, il faudrait donc aller à la terrasse des cafés endeuillés, boire le thé à la menthe avec les assassins et prendre un bain de sang avec eux ! Horreur, damnation : ces gens sont fous ! On en est là… Autant dire qu'on est mal, très mal.

— Courage, on en a vu d'autres, tu ne crois pas ? Et la France s'est redressée, essaye de me rassurer Benoît. Il ne faut pas se laisser intimider, c'est tout ! Ne pas avoir peur, c'est une chose ; ne pas se laisser intimider, c'en est une autre. La peur d'avoir peur vient quand on s'est déjà laissé intimider ! Donc, ne nous laissons pas intimider. C'est du reste ce que dit le Christ dans la traduction de Port-Royal : il ne dit pas « n'ayez pas peur », il dit « ne vous laissez pas intimider »…

— Je veux bien ne pas me laisser intimider, mais la réalité est là, cruelle ; on ne peut pas faire comme si elle n'existait pas.

Des quartiers entiers aux mains des voyous ; des frontières à l'entrée des cités tenues par des dealers, les nouveaux douaniers de la drogue ; des policiers qui, faute d'ordres courageux, n'y entrent pas ; des antifas fascistes qui cassent tout, et les couilles, et du flic ; des barbus comme des barbelés qui imposent la loi islamique, jouent impunément le jeu sinistre des frères musulmans et terrorisent les femmes qui osent être modernes ; la violence partout, pour un oui ou un non, un regard, une cigarette, un mot de trop, une jupe courte, une différence d'idée… Monde terrible, monde fou !

Tout cela n'est que constat, mais il existe bien d'autres formes du mal, le diable se cache sous plein de grimaces.

La démographie est une inquiétude. C'est la guerre des ventres, comme l'annonçait l'accoucheur d'atrocités, le facteur raté, Ben Bella. La puissance excessive des lobbies soumet les décisions à l'argent, au sexe, aux interférences relationnelles et à leurs secrets sulfureux, aux idéologies psycho-érogènes. C'est un fléau diabolique, le conclave des corrompus anonymes. Va donc les repérer, les identifier dans leurs trafics de fric… La maçonnerie, à côté, c'est de la rigolade, du gentil folklore en tablier. Leur puissance a été décuplée par le fumier de l'Union européenne sur lequel ils prolifèrent : l'activité de lobbyiste y est non seulement légale mais considérée comme fort noble. On imagine la puissance des groupes de pression dans un tel contexte favorable. L'Union européenne, c'est *Le Caire, nid d'espions* parce que le burlesque n'y manque pas !

Un soir de confinement, à Bruxelles, les policiers sont appelés par les habitants d'un immeuble cossu situé rue des Pierres, juste au-dessus d'un bar. Il est minuit passé, ces braves gens n'en peuvent plus du bruit que font les voisins : des cris, des gloussements, des hurlements, des miaulements de jouissance aigus ; enfin, toute la partition de la partouze gigantesque. La police arrive, frappe à la porte, un portier de nuit, viril, musclé, tout nu, avec seulement des bas et un porte-jarretelles, ouvre, hilare, le sexe tout dressé, prêt à bondir !

Le gendarme belge qui est au premier contact n'en revient pas, d'autant que le portier s'imagine qu'il vient avec ses comparses déguisés faire la fête dans un festival de fessées, de menottes, de matraques mutines. Ah, le prestige de l'uniforme ! Ses collègues, tassés derrière lui à cause de l'exiguïté du couloir, assistent à un spectacle aphrodisiaque : le portier roule une pelle au premier policier, lui met la main au panier, comme on dit, tourneboule sa casquette, lui pince les fesses, le tout dans une agitation de danseur étoile piqué par une guêpe. Le temps de se ressaisir, et le fonctionnaire réagit par un magistral coup de poing indigné !

Le portier se pâme, et l'escouade entre dans le lupanar où l'entassement des culs culbutés, des anus dilatés, des sexes branlés, pompés, des hommes enchevêtrés, des fumeurs de hasch, de pipe, les effare. Il y a là vingt-cinq hommes comme à Rome, au temps de Néron. C'est l'affolement à l'intérieur de la cage, mais un affolement, comment dire, protocolaire :

ces messieurs maquillés, perruqués ne s'en laissent pas compter. Ils le prennent de haut ! La police demande aux nudistes de présenter leurs papiers, qu'ils vont chercher en se rhabillant sous l'œil amusé des quelques policières présentes, qui auront des choses à raconter sur l'oreiller… Les passeports sont quasi tous diplomatiques ou officiels… Les policiers, cependant, verbalisent pour… non-respect des gestes barrières ; tu me diras que, dans une partouze, il est très difficile de respecter les gestes barrières, non ? Ils auraient pu plaider la force majeure.

Le moine fait une moue exprimant son ignorance et sa réprobation dégoûtée.

— Au bas de l'immeuble, deux gendarmes font les cent pas ; ils vont et viennent le long de l'immeuble. Soudain, l'un deux lève la tête et voit un individu glisser furtivement d'une gouttière les fesses sans masque. À son atterrissage, ils l'interpellent et lui demandent ses papiers. L'acrobate le prend mal car il est normal de quitter un appartement par la gargouille, l'ascenseur du fuyard. Il refuse de montrer ses papiers et exhibe sa qualité de député européen qui lui confère une immunité non pas contre le virus, mais contre l'action des policiers. L'exhibiteur est non seulement député mais occupe une position, si j'ose dire, importante au Parlement…

Cette anecdote montre à quel point, en ce Parlement européen, le cul et les lobbies font bon ménage.

— Ce genre de méli-mélo homosexuel ou hétérosexuel a toujours existé, dans l'Antiquité juive, grecque, romaine. Regarde les fresques des frasques de Pompéi. Quoi de neuf sous le soleil de Satan ? Même des grands saints sont passés par là : le père de Foucauld, je crois. À part la gouttière, quoi de nouveau sous le ciel rose de la lubricité ? Je te trouve un peu coincé !, me dit le moine en riant.

— Coincé ? Mais ça va pas ? Chacun fait ce qu'il veut de sa vie érotique tant qu'elle ne nuit pas à autrui. Ce qui me préoccupe, c'est quand la sexualité devient une idéologie avec des prosélytes et qu'elle érotise la complicité des lobbies. Le problème, aujourd'hui, c'est que nous avons des centaines de Pompadour qui pullulent dans les lupanars républicains et européens et qui veulent imposer leur sexualité dans le vocabulaire, la loi, la norme, la forme. Ainsi, une minorité impose sa forme sexuelle à une majorité ! On résume : LGBT et cætera, comme aurait dit Gainsbourg. Qu'on se comprenne bien, le moine, je ne juge aucune sexualité, je m'en fous comme de ma première branlette, mais je ne supporte pas l'idéologisation des sexualités, la volonté des minorités d'imposer par la contrainte leur mode de vie, de penser, de baiser à travers des lois, des langages, dcs codes, des normes. La théorie du genre qui n'a pas de genre est un délire, par exemple !

— Peut-être est-ce un juste retour de l'oppression ? Hier, c'est l'idéologie qui condamnait les homosexuels, les transsexuels – fort ignoblement du reste, et même à la prison – qui investit le champ légal et lexical et qui utilise la répression. C'est une drôle de mode, une mode de la revanche, les opprimés oppriment… Ce qui est étonnant, c'est que tout cela se fait au nom de la morale, du respect d'autrui, des bons sentiments. Paradoxe : on met la morale bourgeoise au service de ce qu'elle considérait hier comme immorale. La loi pénale réprime l'homophobie, car l'homophobie, c'est mal, alors qu'hier la loi pénale punissait l'homosexualité.

— Que toute personne soit respectée dans sa sexualité, c'est une évidence moderne qui ne souffre aucune discussion, aucune exception. En revanche, que l'on fasse de la défense des minorités une domination de la majorité, c'est insupportable ! Je condamne la puissance excessive des lobbies, les excès du légalisme qui se dégrade en démesure procédurière.

— Bon, me dit le moine, là-dessus, je vais méditer sur l'évangile du jour qui concerne le Bon Samaritain, tu sais, celui qui vient en aide au prochain sans l'aide de l'État, sans l'aide de personne, et qui n'était salarié d'aucune association ni subventionné. Je vais fermer les yeux et, comme Ignace nous l'apprend, revivre en images chaque moment dans les plus petits détails, en voyant, en écoutant, en sentant. Cela s'appelle la composition en voyant le lieu, *composición viendo et lugar* ; j'y suis, et j'y suis bien ! Quel beau voyage chaque fois, même si Thérèse d'Avila n'est jamais arrivée à s'embarquer.

À demain. Et on parlera de quoi ?

— D'un délire qui fait du genre. Bonne et sainte nuit.

En même temps qu'il s'éloignait de moi dans l'humilité de sa robe de bure et dans la nuit, je me disais que le meilleur médicament contre le stress, c'est le bon Dieu. Qu'est-ce qu'il avait l'air serein, léger, heureux, nom de Dieu !

Un délire qui fait du genre

Belle journée de novembre fouettée par un vent glacial qui fait rêver de feu de cheminée. Justement, dans une grande cheminée de manoir hanté, de grosses bûches flambent et chauffent la pièce médiévale enveloppée d'énormes pierres dans laquelle notre colloque prend place. Avant que je puisse déglacer un mot, mon moine souriant me dit :

— Tu ne serais pas un peu nostalgique ? Je comprends tout ce que tu dis, mais tout n'est pas perdu, on peut se redresser, on doit y arriver.

—Je n'ai aucune nostalgie ! Pour être nostalgique, il faut avoir connu un monde qui ne fut pas qu'heureux mais qui fut aussi harmoniquement beau ; la nostalgie est une tristesse esthétique qui encadre un monde ancien disparu. Un luxe de la mémoire. L'image grandiose de la nostalgie, c'est le prince Salina dans *Le Guépard*. Heureux ceux qui peuvent lier dans leur passé le présent et l'avenir ! Ce bonheur n'appartient à aucun Français aujourd'hui. Non seulement les charmes du passé le plus haut, le plus beau, sont dédaignés, mais tout est rupture, fracture. L'héritage, ce mot si beau, l'un des rares à dominer le temps, est méprisé.

— Je peux te lire un texte de Chateaubriand ?

— Oui.

— Écoute : « Les vieillards d'autrefois étaient moins malheureux et moins isolés que ceux d'aujourd'hui : si, en demeurant sur la terre, ils avaient perdu leurs amis, peu de chose du reste avait changé autour d'eux ; étrangers à la jeunesse, ils ne l'étaient pas à la société. Maintenant, un traînard dans ce monde a non seulement vu mourir les hommes, mais il a vu mourir les idées : principes, mœurs, goûts, plaisirs, peines, sentiments, rien ne ressemble à ce qu'il a connu. Il est d'une race différente de l'espèce humaine au milieu de laquelle il achève ses jours. » On en est là aujourd'hui, sauf que c'est aussi vrai pour un jeune éduqué que pour un vieux. Celui qui a un peu lu et perdu, que voit-il ? Le reniement de notre héritage, l'anachronisme – cette petite vérole de l'histoire qui défigure le visage du passé –, les cérémonies officielles. Qui aura oublié la danse entre les tombes à Verdun au son des percussions, Patricia Kaas chantant pour commémorer le débarquement, l'hymne à l'amour de Piaf : « Je renierais ma patrie, je renierais mes amis si tu me le demandais » ? Bel hommage à ceux qui sont morts par amour de la patrie !

Comment ne pas être dégoûté quand on entend l'ancienne ministre de Nicolas Sarkozy, Rama Yade, à qui la République, bonne fille du trottoir, a tout donné – honneurs, fonctions surdimensionnées, salaires –, se sentir agressée par la vue de la statue du grand Colbert ? Avec une mère professeur de lettres, un père diplomate, secrétaire de Léopold Sédar Senghor, qui jamais, tout au long du fleuve de sa vie, ne voulut déboulonner ni une statue ni une conjonction de coordination, elle est mal logée pour venir se plaindre. Quel bel exemple elle donne de la comédie médiatique attachée au charlatanisme historique de l'indignation statuaire rétrospective ! Pour un peu de pub, pour une résurrection médiatique éphémère, que de mal dit par une précieuse ridicule sur notre histoire qui s'en moque bien !

— Tu deviens sévère, mon père ! Je te comprends, mais il existe aujourd'hui plein de chapelles où tu serais excommunié pieds et poings liés pour ce que tu as osé confesser. Je sais que tu n'es pas le seul à le penser, mais beaucoup ont la trouille de dire tout haut ce que la crainte pense tout bas. On vit une époque d'inquisition caverneuse et poseuse, avec son hérésie qui est constituée par la plus petite mutinerie contre la bien-pensance – un mot de trop, un mot perdu, un mot pas à sa place, et c'est le lynchage médiatique –, avec ces frères prêcheurs qui brandissent le micro goupillon du matin au soir et montent en chaires médiatiques pour sermonner à heures fixes le peuple des fidèles à saint audimat. Fidèles, au demeurant, de moins en moins fidèles, et cela sent, quelque part, la révolte, tant on en a marre de ce bourrage de crânes, comme disait Albert Londres, un vrai journaliste, lui ! Mais les frères prêcheurs, titulaires d'une « carte de prêche », fulminent le bannissement social ou dressent le bûcher où brûlent les hérétiques.

Si vous avez l'audace de vouloir limiter l'immigration ; si vous avez le cran de vouloir supprimer, sauf urgence, l'aide médicale d'État ; si vous voulez rétablir des frontières pour contrôler qui entre et avec quelles intentions ; si vous voulez supprimer le rapprochement familial qui est un instrument d'escroquerie économique ; si vous voulez déchoir de la nationalité un terroriste, virer un délinquant étranger ; si vous voulez que la France reste souveraine, qu'êtes-vous, aux yeux des larbins du mondialisme, du wokisme, et autres merdismes à la mode ?

Peu importe que d'autres avant vous l'aient dit, d'autres fréquentables parce que ne le disant plus : vous serez un raciste, un fasciste, un méchant, un sans-cœur ! Méchant comme Zemmour, sans cœur comme Le Pen ! Aujourd'hui, ça coûte pas cher d'être bon, généreux : c'est la collectivité qui paye. Ils ont tous le cœur assistance : facile ! D'autant que, souvent, le bon cœur bat au rythme cardiaque des subventions qui irriguent l'organe de la charité.

Que d'escroqueries, que d'abus, que de fric détourné au prétexte des grands sentiments !

La Cour de cassation trouvera-t-elle un vice de forme qui rendra sa vertu judiciaire à Karim Zéribi ? J'en doute. Il a un petit sourire rare sur le visage et un air d'être content de lui qui lui colle un nombril sur le front. Il parle fort avec un accent marseillais qui aurait donné des leçons à Fernandel ! Il se prend très au sérieux, mais alors très au sérieux… Je l'ai fréquenté chez « Les Grandes Gueules » : pénible, il était toujours du côté de la bien-pensance obligée, formatée, formolée. Un saint homme ! Un généreux ! Un dévoué ! Un frère prêcheur, quoi !

Et voilà que Tartuffe, directeur de l'engagement sociétal et de la transition écologique à la SNCF, se fait prendre les mains dans les gros seins de Marianne. Nous allons voir comment, mais d'abord, que faisait-il à ce poste ronflant et tout à fait inutile ? Quelle compétence, en dehors d'avoir été député européen écolo, pour occuper ce poste ? Aucune ! Un gros malin, le Karim, et surtout une grande gueule. À compter de maintenant, je te demande d'être attentif, cher moine, comme un enquêteur, mais d'une engeance nouvelle, celle des détecteurs des mots pièges à cons. Tu as déjà détecté que s'occuper de « l'engagement sociétal », cela ne veut rien dire du tout. Un leurre pour du beurre, certes, mais ce n'est pas tout…

Le chroniqueur radio et télé, et ancien député, a été condamné par la cour d'appel à trois ans de prison avec sursis, plus une amende de quatre-vingt mille euros et la privation des droits civils et civiques, et confiscation en valeur de son domicile pour abus de confiance et abus de biens sociaux. Attention, voici les faits, mais surtout, voici les mots : la justice lui reproche d'avoir détourné à son profit politique des subventions versées par des collectivités territoriales à deux associations qu'il avait créées en 2001 et dont il avait abandonné ensuite la présidence.

Voici les noms de ces associations, et elles valent leur pesant de moutarde des mots : « Agir pour la citoyenneté », une association pour permettre l'organisation d'un « parlement des banlieues », et une autre magnifiquement dénommée « Agir pour la compétence-recrutement », sorte de cabinet de recrutement pour les jeunes des quartiers défavorisés. Entre 2007 et 2009, plus de cent mille euros des régions PACA et Île-de-France, mais aussi du département des Bouches-du-Rhône et d'autres autorités publiques, sont allés enrichir ces associations.

Bon, passons sur les faits qui relèvent de l'analyse juridique et prenons acte de la condamnation qui fait l'objet d'un pourvoi en cassation. Je ne sais si le pourvoi en cassation maintient la présomption d'innocence puisqu'il s'agit d'un recours non sur les faits mais sur le droit. Les faits étant établis, la Cour de cassation ne connaît que l'application du droit. Il n'empêche, le Karim Zéribi, Zorro des médias, se prévaut de ce pourvoi en cassation pour affirmer qu'étant encore présumé innocent, après une condamnation en première instance confirmée en appel, il peut continuer en toute impunité médiatique à donner des leçons sur CNews et chez Hanouna. Le comble, c'est que cela marche !

Intéressons-nous aux jeux de mots qui sont devenus de véritables jeux de vilains. On est vraiment chez les tartufes modernes ! Quel génie, Molière, d'avoir deviné qu'au service d'un pouvoir moral tyrannique, les apparences assurent le triomphe. Faire semblant avec des mots maquillages du réel ! Un « parlement des banlieues », c'est beau comme « Le Temps des cerises », comme « L'Internationale » un jour de Fête de l'Humanité, comme une chanson de Joan Baez. On se paye, au sens propre des mots. Un « cabinet de recrutement » pour « les jeunes des quartiers défavorisés »… Tout tient dans la dernière phrase – mieux, dans la dernière bribe de phrase – « quartiers défavorisés » ! Sésame, ouvre-toi, l'argent des impôts du peuple arrive pour la bonne cause de papier-monnaie, évidemment. Un peu de vocabulaire de gauche mâtiné d'un je ne sais quoi de morale chrétienne : Tartuffe, nous voilà ! Les enfoirés de la foire aux mots ! Et le pitre continue de pérorer sur les chaînes de télé comme si de rien n'était.

— Avec ton zèbre Zéribi, tu t'es éloigné de ton idée première, à savoir que défendre des principes qui ne seraient pas de la morale utilitaire de gauche vous vaudrait l'insulte ; on vous traite de tout, raciste, fasciste et compagnie !

— Oui, j'y reviens, mais tout est lié étroitement, lié par la tricherie des mots.

Comment ose-t-on faire le procès d'une France raciste alors qu'il n'y a pas pays plus généreux, plus antiraciste que la France ?

L'entrée de Joséphine Baker au Panthéon consacre la belle attitude du pays de Victor Hugo : quand elle arriva en France pour fuir les États-Unis ségrégationnistes, racistes, où les noirs n'entraient pas dans les restaurants réservés aux blancs, où les bus étaient partagés, où la peau était une punition, et qu'elle découvrit un monde sans différence de couleurs, c'était en 1930, elle crut rêver. La France n'est pas raciste, les deux cent mille soldats noirs débarqués sur le territoire pour le libérer étaient ahuris de pouvoir s'asseoir à la terrasse des cafés avec des blancs, d'entrer dans les restaurants, de prendre le bus et d'avoir quelques bonnes blondes ou brunes fortunes françaises franchement pas racistes.

Cela n'est pas d'aujourd'hui : déjà en 1794, Jean-Baptiste Belley, esclave émancipé, siégeait à la Convention comme député de Saint-Domingue ; Félix Éboué entra au Panthéon bien avant Joséphine ; Houphouët-Boigny, député d'outre-mer, fut plusieurs fois ministre ; Léopold Sédar Senghor, agrégé de grammaire, député puis ministre ; Gaston Monnerville, petit-fils d'esclave, député de la Guyane, sénateur, président du Sénat, maire de Saint-Céré dans le Lot puis membre du Conseil constitutionnel : allez donc voir aux États-Unis ce qui se passait en même temps ! Le bachaga Boualam fut quatre fois vice-président de l'Assemblée nationale.

Alors il faut arrêter avec cette légende islamo-gaucho-trotskiste d'une France raciste, mensonge qui ne sert que la boutique des faux antiracistes, comme l'association SOS Racisme qui touche d'énormes subventions pour un nombre d'adhérents ridicule.

— Mais d'où vient ce vent de destruction qui souffle sur notre pays ? Pourquoi cette recherche systématique d'accusations contre notre histoire ? Pourquoi ce diabolique alignement de la parole, du commentaire, de la pensée, sur un conformisme politique mensonger ?

— C'est le fort des personnes politiques « mimétistes » et répétitives, les conformistes du confort des idées courantes. Ils appartiennent à la même boutique, avec le même comptoir des intérêts ; on les voit glisser d'un commerce lucratif à un autre, jamais en rade, jamais perdus ; ils dirigent une grande entreprise d'État puis une autre, puis se faufilent dans un ministère, puis le quittent pour un poste de préfet, de directeur, d'envoyé en mission, de chef de cabinet ici ou là, dans un conseil départemental, régional… La fonction publique regorge de ces niches douillettes où se lovent au chaud les serviteurs qui se servent de la République. On appelle cela le pantouflage ! Quand ils ont épuisé le parcours, dernière ressource : la télé, où l'on y voit les têtes de Bachelot, Valls et compagnie en presque fin de vie, quoique la Bachelot ait pu ressusciter sous le sceptre comique de Macron ! Peut-être aussi que le Valls, qui balance de Barcelone d'où il se fait balancer à Paris, finira par remplacer Nagui ?

Il existe un tel enchevêtrement d'intérêts et de copinages que l'échange est continu. On se rend des services, on se décore, on s'absout, on se tait, on se refait, le tout grâce à un personnel administratif dévoué et tremblant. L'analyse détaillée du traitement de la pandémie, au jour le jour, le prouve scientifiquement. Si vous voulez une preuve, vous allez voir la carrière, au choix, sur Wikipédia, de quelques hommes et femmes politiques. Jamais en panne plus d'un mois, sauf scandale, alors il faut attendre la prescription médiatique. Allez, pour la route : Agnès Buzyn, la ministre de la Santé, mise en examen pour la gestion de la pandémie, a été glorieusement nommée à… l'Organisation mondiale de la santé, rien que cela, avec mission d'être l'envoyée spéciale du directeur général Tedros Adhanom Ghebreyesus. Son rôle sera de représenter l'organisme auprès du G7, de l'Union européenne ainsi que de la fondation Bill et Melinda Gates. Elle aura, nous dit-on, « comme priorité de promouvoir la santé au plus haut niveau, de mobiliser les dirigeants politiques, de renforcer la participation de l'OMS au centre des forums multilatérales (sic) et de coordonner, en interne, les efforts de l'organisation en matière de diplomatie sanitaire ». Et cette nomination a provoqué des réactions indignées amenant certains à parler de copinage : ils avaient à l'évidence raison, d'autant qu'à lire l'intitulé de la mission, on a vraiment l'impression qu'on nous prend pour des cons !

On pourrait aisément citer de très nombreux exemples. Cela pourrait même être un jeu de famille, le soir, quand la télé est en panne : on poserait les questions « Qu'est devenu tel ministre ? », « Quelle mise en examen ? », « Quel paria d'hier ? »...

Tout cela n'est possible que parce qu'il y a un affaiblissement national et une décadence constitutionnelle. Un avachissement de l'idée de service public. Tout est devenu affaire d'apparence et, finalement, finit bien celui qui finit chez Hanouna, qui est loin d'être le plus con !

La règle d'or, c'est de rendre des services pour que l'on doive au bon moment vous rendre un service, quel qu'il soit : c'est la République de l'échange des bons procédés. Bien sûr, en arrière-fond, il existe un vrai désordre financier : comment pouvoir rêver que l'endettement gigantesque de la France n'aura pas un jour des conséquences ? Un vrai désordre économique, social, intellectuel et moral... Ce n'est pas la France qui est malade, c'est l'État ! Un État qui n'a plus d'homme d'État ou de femme d'État ! En un mot, un État qui n'a plus d'État. Sinon, comment expliquer les violences récurrentes, persistantes, presque joyeuses, sur des policiers, des gendarmes, des pompiers ? On tire au mortier sur des fonctionnaires de police comme on tirait autrefois des feux d'artifice pour le 14 juillet : c'est tous les jours le 14 juillet des policiers qui en ont un peu marre d'être à la fête ! Sinon, comment expliquer que des commissariats fassent l'objet d'agressions systématiques et en règle ? Sinon, comment expliquer qu'il existe à l'entrée de certaines cités des frontières tenues par des dealers ? Sinon, comment expliquer qu'il existe une mise à prix des violences que l'on peut exercer contre des représentants de l'ordre ? Sinon, comment comprendre l'égorgement d'un professeur en pleine rue ? Sinon, comment concevoir la présence sur le territoire d'individus qui, au nom de la simple protection des personnes, ne devraient plus être là depuis longtemps ? Sinon, comment tolérer que des membres de l'administration pénitentiaire fassent l'objet de mesures de rétorsion ? S'il y avait un État, il n'y aurait pas de zones de non-droit, il n'y aurait pas de territoire perdu de la République ! S'il y avait encore un État, le langage de la République serait le seul à dominer l'espace public sans avoir à subir les hurlements des fanatiques minoritaires qui veulent faire triompher leurs convictions.

Oui, la France est arrivée au point le plus bas de sa dépression historique.

Comment faire ? Il faut d'abord un assainissement de l'administration centrale, aligner le service public sur le régime du service privé, ne plus accepter le terrorisme syndical qui empêche toute sorte d'évolution vers une amélioration du système – syndicalisme fort honorable quand il est au service des syndiqués mais tout à fait détestable quand il est au service de la rente de situation des dirigeants des syndicats et quand il va contre l'intérêt général.

Il faut voir le salaire de ces potentats syndicaux pour comprendre que la place vaut le coup ! Mais comment faire pour retrouver un équilibre social dans un pays qui est mis sens dessus dessous par une immigration totalement incontrôlée et qui vient satisfaire le narcissisme moral d'élus qui ne se posent pas la question du devenir ? Il faut lire le livre *Le Maire et les barbares* pour comprendre à quel point l'immigration est devenue un instrument de chantage électoral... Je te renvoie à ce livre et aussi, en même temps, à celui de cet inspecteur de l'Éducation nationale, monsieur Obin, qui raconte *Comment on a laissé l'islamisme pénétrer l'école*, ou au livre de Bernard Ravet, *Principal de collège ou imam de la République ?*

Tout est dit, et par des gens qui ne sont pas engagés politiquement dans l'extrême droite du théâtre mitterrandien, mais qui seraient plutôt bourgeoisement bien-pensants. Eh bien, tout le monde s'en fout ! Sur le moment, on en a parlé, on en a débattu, et puis on est passé à autre chose dans ce signe de ces temps futiles, volatils, inconséquents.

Finalement, n'avons-nous pas le droit de fixer la mesure d'une hospitalité que nous serions en droit de ne pas accorder ?

— Oui, la question vaut la peine d'être posée, mais ce qui me préoccupe le plus, et c'est d'un point de vue spirituel, c'est l'installation d'une propagande consentie, qui se transmet de l'un à l'autre naturellement dans un conformisme effrayant. J'ai appris récemment que la Commission européenne souhaite que l'on n'emploie plus le mot « Noël », pourquoi ? Quelle absurdité ! Le fait même de ne plus vouloir nommer Noël « Noël » n'empêche pas Noël d'exister, presque a contrario. Avoir peur de nommer une chose, un événement, le rend d'autant plus important que la tentative de l'anonymiser le nomme ! Enfin, je reste optimiste et je sais par expérience historique que cela passera. La Révolution française avait voulu faire la même chose, et l'on a vu ce que cela a donné : un empereur sacré par le pape ! Mais avons-nous encore le fond de culture qui a permis ce sursaut ? C'est la question angoissée que je me pose. Ce qui me fait peur et qui fait la différence avec nos prédécesseurs, c'est que nous sommes devenus automatisés, robotisés et incapables de penser par nous-mêmes, donc esclaves de l'autre avec un petit tas.

On croit vivre une crise spirituelle ; non, on vit en réalité une crise métaphysique à laquelle même l'Église n'échappe pas. À dire vrai, on est en train de vivre une époque dans laquelle l'âme perd son sens par le fait d'un matérialisme outrancier imposé par la rentabilité économique. Marx, dans ses cauchemars les plus fous, n'aurait jamais pu imaginer un capitalisme aussi puissant, maître de tout, de la banque, des médias, des assurances, enfin, en un mot, de tout le tissu économique, non seulement d'un pays mais également de l'Europe. Cette Europe, parlons-en, qu'a-t-elle apporté en termes de sens à l'humanité européenne ? Les technocrates ont voulu en faire une petite Europe supranationale qui devrait être un substitut aux nations considérées comme démodées, vieillottes et bonnes à ranger dans un musée de fleurs fanées. Ils ont fait comme si l'histoire, en perpétuel devenir, était achevée. Or, on achève peut-être les chevaux, mais on n'achève jamais l'histoire. Je vois dans l'Union européenne un vrai projet de destruction de l'histoire des pays et, en même temps, bien sûr, de l'histoire de leurs identités. Un fait que tu m'as raconté m'a renseigné là-dessus. Il paraît, m'as-tu dit, qu'il est interdit de faire figurer sur son pupitre au sein du Parlement européen le drapeau national et que les huissiers font la chasse aux étendards minuscules pour les saisir. Quand tu m'as raconté cette histoire, je n'en suis pas revenu, croyant que tu me refilais un bobard d'anti-européen. Mais j'ai vu la vidéo des huissiers pourchassant les drapeaux français, c'est incroyable ! Quelle plus effroyable preuve, en direct, de la volonté assassine de supprimer les nations ? Peut-il y avoir une vie internationale sans une nation ? Peut-il y avoir des échanges internationaux sans une nation ? Peut-il y avoir une fierté d'être sans une nation ? Comment assurer la persistance de rapports internationaux quand il n'y a plus de nations, étant précisé que le terme même de « rapports internationaux » porte en lui l'idée de nation ?

Alors, on me dira que l'idée de nation a fait beaucoup de mal dans l'Histoire, notamment à cause de l'emploi abusif du terme nationalisme par d'effroyables dictatures construites sur le sol, le sang et la race. Mais la nation à laquelle je fais référence est celle de Valmy, première victoire décisive de l'armée française pendant les guerres révolutionnaires, une victoire gagnée aux cris de « Vive la nation ! » le 20 septembre 1792 ! Le lendemain, la Ire République était fondée. Cette grande bataille imaginaire fut en réalité une canonnade, mais elle s'inscrit dans la mémoire collective comme le moment de la fusion d'hommes de régions différentes, de patois différents, de guenilles différentes mais qui se battaient pour la même idée : c'est cela, une nation ; une même idée ! Autant la nation ethnique est dangereuse, autant la « nation civique », comme le dit Jean-Pierre Chevènement, est une belle et bonne chose, à condition de la travailler avec les instruments de l'humanisme. Valmy fut une de ces audaces qui « créent des images immortelles ».

— Mais dis donc, le moine, tu ne serais pas un peu socialiste sur les bords ? Tu rêves, mon pauvre moine, d'un monde qui aurait pu être possible si nous avions eu le courage de le travailler dans la vérité politique et non pas dans la machine à laver le linge du langage d'aujourd'hui et dans la réalité des compromissions permanentes.

— Rien ne m'échappe de ce qui se prépare… Ce qui nous échappe, c'est que les vrais socialistes sont d'une gauche de l'ordre bourgeois, archaïquement anticlérical. Toute la IIIe République, radicale-socialiste mis à part quelques lubies, a été fondée sur l'ordre, la discipline, le respect, les traditions, l'enseignement et le respect des maîtres. Je parlais tout à l'heure de la perte du sens. On retrouve cette perte dans tout le socialisme moderne et ses fraternités délirantes, l'écologie qui en veut aux sapins de Noël, le mélenchonisme qui bouffe du flic faute d'avoir du curé, le wokisme délirant, le féminisme castrateur, les colonisateurs racistes de l'antiracisme, les constructeurs de camps décoloniaux interdits aux blancs, les immigrationnistes faussement prolétariens, j'en passe et des meilleures... Oui, les valeurs dites de gauche sont devenues folles, prises dans une espèce de délire langagier qui s'en prend d'abord à la liberté de penser et, de fait, par voie de conséquence, à la liberté d'expression.

La liberté de penser, on pourrait encore l'avoir puisqu'on peut penser librement dans un cachot. Mais peut-on encore penser librement dans un univers de propagande médiatique rhétorique déversée quasiment jour et nuit dans le cerveau de l'homme, de la femme et de l'enfant qui sont téléspectateurs de leurs propres peurs, de leurs propres erreurs ?

On a trop vite oublié aujourd'hui l'aveu fait en 2004 par Patrick Le Lay, le bien nommé patron de TF1, qui avait osé parler du « temps de cerveau humain disponible à la télévision ». Sa phrase s'inscrivait dans le contexte de l'idée suivante, ainsi posée par lui : « À la base, le métier de TF1, c'est d'aider Coca-Cola, par exemple, à vendre son produit. Or, pour qu'un message publicitaire soit perçu, il faut que le cerveau du téléspectateur soit disponible. Nos émissions ont pour vocation de le rendre disponible, c'est-à-dire de le divertir, de le détendre pour le préparer entre deux messages. Ce que nous vendons à Coca-Cola, c'est du temps de cerveau humain disponible. » Horrible chose ! Méphistophélique aveu !

Évidemment, à l'époque et sur le moment, cette phrase avait fait polémique, comme on dit.

Le patron de TF1 avait essayé de reformuler son idée d'une manière plus consensuelle, mais l'idée était là, elle est restée, et elle est vraie ! Le temps de cerveau humain disponible que la télévision vend à Coca-Cola, elle peut le vendre à n'importe quelle industrie – pharmaceutique, politique, religieuse, économique –, à n'importe quel homme, candidat à n'importe quelle élection ! On a bien vu aux États-Unis comment les médias ont su s'organiser pour détruire l'image de Trump. Alors aujourd'hui, la liberté de penser, dans ce contexte de mise à disposition du cerveau humain au service des entreprises qui peuvent l'exploiter, reconnaissons qu'elle en prend un coup. Ce qui réveille la liberté de penser, c'est la liberté d'expression : elle permet à la pensée d'agir et de sortir du carcan de la coercition propagandiste. Voilà pourquoi, en même temps, si j'ose dire, le système cherche à oppresser la liberté d'expression, tout d'abord en organisant une véritable police de l'expression : on en est presque au point où on va mettre maintenant des menottes aux mots. Un mot de trop, procès ! Un mot placé dans un mauvais contexte, procès ! Un mot équivoque dans un débat, procès ! Un mot fort, et tous les pénitents du vocabulaire partent en procession pour dresser votre bûcher.

Tu vois, Monsieur le député, c'est cela qui me fait peur !

Ce qui me fait peur, aussi, c'est que le système, par un jeu de compromissions comparable à ce que fut la IIIe République, permet l'élection d'hommes ou de femmes tout à fait incapables de gouverner autrement qu'au gré du vent de l'opinion publique. Ils obéissent tous à l'impératif atmosphérique !

Alors, que faire ? On est quand même gavé par la République du blabla. Tu as remarqué comme moi que les sujets ne sont plus du tout approfondis mais ne comptent qu'en fonction de l'intérêt médiatique qu'ils peuvent prendre. C'est comme cela qu'un sujet chasse l'autre et que tout le monde se fout pas mal de ce qui a pu être dit hier, vu que ce qui compte, c'est ce que les commentateurs à la mode instantanée disent aujourd'hui. Jamais époque n'aura autant montré que la nôtre la fugacité des choses de la vie. Tout passe. Ce qui est grave, maintenant, c'est que cette inconsistance du temps est, de physique, devenue métaphysique.

— Tu as raison, le moine. Peut-être que tout cela est dû à l'usure des pneus du temps !

En France, il faut être aveugle, sourd et englué pour ne pas voir le déclin de l'État républicain. Ils ont le mot « République » à la bouche en permanence comme s'il s'agissait d'une formule destinée à chasser les diables, mais ils n'ont jamais rien fait pour sauver l'état d'esprit de la République. Comment peut-on concilier un État républicain avec des zones qu'on ose appeler sans rougir « zones de non-droit » ou « territoires perdus de la République », avec des frontières tenues à l'entrée des cités par des dealers qui se prennent pour des douaniers de la drogue ; avec des cités où la police ne peut entrer ; où les pompiers ne s'aventurent qu'au risque de se faire casser la figure ; où des commissariats sont attaqués parce que commissariats, des policiers agressés parce que policiers ; où les femmes ne peuvent plus se promener dans le vêtement d'été qui leur convient sans se faire traiter de putes ; où être blanc empêche d'entrer dans un camp décolonial ; où une procession chrétienne est agressée aux cris de « sur le Coran, je vais t'égorger » ; avec une migration économique qui nous ruine au point que la Cour des comptes a pu dire il y a de cela quelques années que l'hébergement des migrants impactait douloureusement le logement des sans-abri appelés autrefois, du temps de Boudu, des clochards ; avec une Union européenne qui empêche toute expression souveraine de l'État à tel point que Macron a pu parler de « souveraineté européenne », ce qui constitue l'acte de décès de la souveraineté nationale ? Alors oui, il faut recréer l'État républicain, d'abord et avant tout dans la dignité de celles et ceux qui le représentent et qui ne doivent en aucun cas se donner en spectacle, si tu vois ce que je veux dire… La représentation de l'État républicain ne peut s'accommoder de comiques médiatiques tels que nous les avons aujourd'hui. La preuve mathématique de ce déclin de l'État républicain se démontre par l'abstentionnisme électoral.

Hanouna président, pourquoi pas ?

Dire que l'on vit une crise du politique est d'une banalité affligeante, mais cela a des conséquences épuisantes pour la vie de tous les jours et pour l'avenir qui doit renaître de tous les jours. À quoi sert le Parlement ?

Déjà en 1967, André Chandernagor se posait la question : *Un Parlement, pour quoi faire ?* Il faut reconnaître que la Constitution de 1958 n'a pas été faite pour donner de la valeur au Parlement, tout au plus sert-il dans le système à garantir l'aspect démocratique du régime. On a, il est vrai, un Parlement d'apparence ! Tout est entre les mains des technocrates, et les députés disciplinairement soumis aux ordres d'une dictature majoritaire obéissent sans comprendre ce qui se passe.

Cette crise dite du politique est liée aussi à la perte de toute souveraineté nationale par le fait hégémonique de la technocratie européenne. On n'est plus du tout maître chez soi ! Et Charbonnier, comme au temps de François Ier, n'est plus maître chez soi. On connaît l'anecdote qui a donné naissance à cette expression : elle est pleine de significations, comme du reste toutes les expressions qui ont traversé le temps… Ce n'est pas pour rien ! François Ier, un jour de chasse, s'était égaré après une longue course dans la forêt profonde de Fontainebleau. L'orage tonnait, la pluie tombait et le roi, pour se réfugier, trouva, comme dans les contes de fées, une chaumière : il fut très mal accueilli par le Charbonnier propriétaire des lieux qui ignorait, bien évidemment, sa qualité souveraine ! Le roi n'en tint pas rigueur à son hôte inhospitalier au seul motif, dit-il, que Charbonnier « est maître chez soi » et que mal recevoir l'intrus qui vient chez vous sans vous en demander permission est un droit lié à la propriété privée. C'est ça, allons donc le dire aux squatteurs aujourd'hui !

Marie-France Garaud avait raison de dire : « Les gens n'attendent plus rien des politiques. »

La souveraineté de la France n'est plus qu'une vieille berceuse, on a tout perdu au fil du temps et, depuis la signature du traité de Maastricht, tout est consommé, tout est perdu, même l'honneur, et cela au seul profit de l'Allemagne. Qu'on le veuille ou non, aujourd'hui, l'Europe parle allemand ! On oublie trop facilement que c'est le chancelier Kohl qui a demandé la monnaie unique pour des raisons urgentes de politique intérieure liée à la réunification mentale des Allemagnes. Avant la demande de Kohl, il n'était question que de monnaie commune, et non de monnaie unique. On l'oublie un peu facilement.

Nous ne détenons plus un seul des quatre éléments de la souveraineté nationale : battre monnaie, faire les lois, rendre justice, déclarer la guerre et la paix.

— Mais tu crois vraiment que les Françaises et les Français ont encore un rapport avec l'idée de souveraineté nationale depuis le temps qu'ils vivent dans la dépendance européenne ?

Notre pauvre pays est mort à crédit ! Personne ne mesure le danger que représente la dette qui nous menace et qui pourrait un jour s'écraser sur nous via les banques.

J'ai l'impression que le citoyen est asphyxié. Avant la pandémie, il respirait encore un peu l'air de la démocratie, mais depuis l'arrivée du virus et de son traitement politique hagard, il est complètement étouffé sous un masque de mensonges, de mesures liberticides et contradictoires. En outre, il est soumis à des contraintes humiliantes et électrodomestiques : se faire contrôler dans les restaurants, ne pas se faire contrôler dans les métros, ne pas pouvoir aller dans les boîtes de nuit, mais pouvoir aller dans les clubs libertins, là où évidemment les gestes barrières ne s'imposent pas. Et tout cela sur un fond d'absence de débat public : la démocratie médiatique a complètement remplacé la démocratie parlementaire. C'est sur les plateaux de télévision, et non plus dans l'hémicycle, que les députés débattent. Et quel débat : la foire d'empoigne, la course olympique à la petite phrase, la recherche du bon mot mortel, la punchline, comme ils disent… Spectacle, jeux du cirque sans gladiateurs mais avec des clowns jongleurs de mots, montreurs de phrases toutes faites, illusionnistes de vérités escamotées ! Vu de loin, tout cela fatigue et décourage. On a l'impression que la vie politique est un jeu de rôle pour un théâtre de pitres pendus à l'audimat. Le forum est fatigué de voir les uns et les autres se renier plus vite que le coq chante. Allez, je préfère m'en retourner à mes affaires avec le bon Dieu…

Mais demain, que tu le veuilles ou non, il faudra enfin m'expliquer ce que tu es allé faire dans la galère politique… Je suis curieux de le savoir ! Et surtout quelle leçon tu en tires.

Dernière journée

De bon matin, je me retrouve, après avoir traversé le parc gelé, ce qui fait du bien aux idées, dans la petite pièce chauffée au feu de cheminée où mon moine m'attend de chapelet ferme, l'œil en éveil, l'oreille aux aguets. Il a cet air naturellement heureux qui, pour être franc, me rend un peu involontairement jaloux. On pourrait presque dire d'une jalousie métaphysique… Pas la peine de me demander comment il fait : presque tous les moines ici affichent sur le visage le reflet d'un bonheur intérieur !

Je ne peux m'empêcher de lui demander tout de go :

— Mais comment tu fais pour exprimer continuellement cet air de joie ?

Il me répond :

— C'est que je suis loin de toutes ces conneries où l'ego occupe trop de place ; c'est l'ego qui rend triste et con à la fois, non pas le grand ego des porteurs d'idées, mais celui des rase-mottes, des Ruquier, par exemple, pour donner un nom à l'espèce médiatique qu'il représente. Ce siècle diabolique, en inventant la télévision, a créé l'instrument hypertrophique des ego, la grande confrontation des ego. Déjà que la photographie avait bien commencé à pathologiser l'ego de tout un chacun, ce qui a pu faire dire à des jongleurs de mots qu'on avait affaire à un tout-à-l'ego. C'est extraordinaire l'importance que des gens sans importance peuvent prendre parce qu'ils passent à la télévision, de même que des gens avec beaucoup d'importance en perdent autant pour avoir participé à cette foire aux bestiaux médiatiques.

La télé, c'est réellement la fenêtre de toutes les vanités.

Ce qui m'amène tout naturellement à te demander comment tu as pu entrer dans la comédie humaine de la vie politique ? Tu avais un beau métier, utile au prochain ; tu étais reconnu. Comme disait Molière, que diable es-tu allé faire dans cette galère ? Ne m'en veux pas, mais je crois qu'aujourd'hui l'engagement politique obéit à trois ressorts : le besoin d'avoir une rente de situation sans avoir aucune compétence, le Parlement en offre de nombreux exemples ; le besoin d'avoir cette prothèse qu'est le pouvoir pour exister ; et enfin, rarissimement, l'envie de servir son pays.

Ton métier t'a apporté, je suppose, de quoi bien vivre ; tu n'avais donc aucun besoin d'un salaire politique. La prothèse de notoriété, ton prestige d'avocat connu te l'avait apportée. Reste que tu avais peut-être l'envie de servir ton pays ?

Me voilà bien emmerdé.

— Je n'avais effectivement aucune envie de faire de la politique. Et pendant très longtemps, à la question « Voulez-vous faire de la politique ? », je répondais toujours « Jamais de la vie » ! Pour une raison simple : j'aimais mon métier par-dessus tout et je n'envisageais pas de m'en éloigner pour une quelconque action politique. Une naïve passion de l'Histoire, et surtout de la légende qu'elle véhicule, m'attirait quand elle enveloppait l'action des hommes politiques du grand verbe. Ma passion de l'art oratoire m'amenait à confondre la beauté d'une période avec la réalité d'un engagement. J'admirais Hugo, Briand, Jaurès, Clemenceau, Daudet, Malraux et tant d'autres dont les voix chères se sont tues. Mon attrait pour la politique était donc purement sonore et poétiquement politique !

Tout a commencé sans que je le veuille tant les événements recèlent d'autres événements à retardement. La vie est un moteur à explosion. Il existe vraiment une magie de l'existence où les choses se dévoilent les unes après les autres comme dans la distribution d'un jeu de cartes mystérieux.

À l'époque où se situent les faits dont je vais te parler, j'avais la réputation d'être un homme de gauche. J'ai donc connu, pendant un temps, le bonheur d'être logé dans le camp du bien permanent. C'est très confortable et cela ne coûte pas cher, il suffit de dire qu'on est de gauche comme on pourrait dire qu'on est quelqu'un de bien, de généreux, de bon, d'attentionné ; comme on pourrait dire qu'on aime le genre humain d'ici, de là-bas, d'ailleurs, de partout, de la Terre comme au ciel. Tu ne peux imaginer le sentiment de sainteté que te procure le quidam qui te présente comme « un homme de gauche » ! Derrière cette appellation non contrôlée peuvent se cacher les pires crapauds, les plus méchantes crapules, les éternels tartufes de tous les tréteaux publics. C'est extraordinaire… Une auto-bénédiction ! Pour être très franc, au tout début, j'étais de gauche, mais… je ne le savais pas. Mon oncle, un riche bourgeois de la rue Paradis, était l'un des adjoints au maire socialiste, Gaston Defferre, et il avait besoin pour être réélu président de sa section d'un maximum d'encartés votant contre vents et marées pour lui. C'est ainsi que je me suis retrouvé encarté sans le savoir dans sa section et que j'ai régulièrement voté, en l'ignorant, pour lui !

J'ai donc été socialiste de vote avant de l'être d'idées. Cela aurait dû m'alerter sur les magouilles de ce parti qui veut donner sur Terre un avant-goût du paradis des hypocrites tant les ogres qui le composent veulent avoir l'air d'anges.

Par la suite, et tout naturellement, j'ai adhéré au Parti socialiste marseillais… De toute façon, il était à l'époque difficile de faire carrière en n'étant point socialiste, mais ce ne fut pas pour cette raison mercantile que je pris ma carte. J'avais trop lu Victor Hugo, Jules Vallès, Jean Jaurès ; trop pleuré en visitant le Café du Croissant où il fut assassiné par Raoul Villain, en écoutant Brel chanter « Pourquoi ont-ils tué Jaurès ? ». J'étais une espèce rare, un socialiste littéraire.

Ami de Roland Dumas, j'acceptai à sa demande de faire partie du comité de soutien à François Mitterrand. J'ai un peu pérégriné à l'intérieur du Parti socialiste, suffisamment pour en être à tout jamais dégoûté. Je me suis fait tout de suite mal voir en rejoignant Michel Rocard, qui n'était pas en odeur de sainteté en mitterrandie, tant s'en faut.

Pour faire vite et t'expliquer comment j'allais rejoindre plus tard Marine Le Pen, il est indispensable que tu notes que j'étais membre du Parti socialiste : si je ne l'avais pas été, jamais je n'aurais pu rencontrer la présidente du Rassemblement national.

J'avais donc cette très belle et bonne et sainte réputation d'être « un homme de gauche ». Du reste, j'avais eu la très bonne idée de m'engueuler dans une émission de télévision avec Jean-Marie Le Pen, ce qui avait fait remonter ma cote de popularité : à l'époque, quiconque gueulait contre Jean-Marie faisait figure de saint Michel archange terrassant, ou du moins tentant de terrasser, le dragon fasciste des imaginaires. Bernard Tapie, bon commercial, l'avait lui aussi compris qui s'était taillé son heure de gloire en faisant semblant de combattre l'ancien parachutiste affublé de tous les maux. J'ai, du reste, quitté le Parti socialiste à cause du président de l'Olympique de Marseille tout autant ministre de la Ville de François Mitterrand. Ma poésie s'accommodait mal avec la pensée qu'un tel énergumène, au demeurant fort sympathique, puisse s'associer avec l'idée socialiste : Salvador Allende, Pablo Neruda et Bernard Tapie, vois-tu, il y avait quelque chose qui clochait dans la rime. Je quittai alors le Parti socialiste, mais tout en gardant l'aura d'homme de gauche, antifasciste, antinazi, anticolonialiste, défenseur de la veuve, de l'orphelin et de l'immigré, mon client étant toujours l'opprimé, ce qui facilite les arrangements de conscience et l'ouverture des journaux.

Il y avait quelque chose de pourri dans le royaume de mitterrandie. Un déjeuner que je pris avec Max Gallo, non loin du Panthéon dans un vieux restaurant démodé mais à la mode, me conforta dans cette idée. L'historien, qui fut porte-parole de la présidence, me dit tout le mal qu'il pensait de François Mitterrand et de son entourage, des affairistes, des combinards, des trafiquants d'idées. En même temps, je regardais la vie quotidienne et je sentais le commencement d'un affaissement de la civilisation française.

Cependant, mon image d'homme de gauche demeurait intacte, d'autant que je ferraillais dans toutes les causes chères au spectacle de gauche.

— J'ai franchement du mal à te suivre. Pourrais-tu enfin me dire en quoi ta qualité suprême d'homme de gauche t'a amené, ce qui paraît quand même contradictoire, à rencontrer un jour Marine Le Pen ? Toutes ces péripéties, ces digressions sont lassantes à la longue.

— J'y viens, patience... Elles sont tout simplement nécessaires à la compréhension de l'histoire. Si je n'avais pas été un homme de gauche authentifié comme tel par l'expertise médiatique, jamais je n'aurais reçu un coup de fil d'un certain Jean Marcilly, journaliste à *Paris Match*, spécialiste incontesté de la mafia, auteur de plusieurs livres dont le fameux *Octopus*, et surtout d'un livre sur Jean-Marie Le Pen intitulé *Le Pen sans bandeau* ! J'avais rencontré ce Jean Marcilly, toujours enfermé dans un manteau de cuir noir, qui faisait un peu gestapiste, à l'occasion de la tuerie d'Auriol, sur laquelle il avait beaucoup écrit. Il m'avait fait l'effet d'un fou vivant à l'époque de Sigmaringen, une caricature de fasciste digne de figurer dans le film *Papy fait de la résistance* sous les oripeaux ridicules d'Adolfo Ramirez. À dire vrai, je ne le prenais pas très au sérieux même s'il était pris très au sérieux par ses confrères qui voyaient en lui l'homme qui avait infiltré la mafia. On n'a jamais trop su où était la vérité et si infiltration de la mafia il y avait eu, ou seulement rédaction romanesque d'un livre inspiré par toute une documentation. J'avais appris, pour l'avoir vu lors d'une émission de télévision avec Jean-Marie Le Pen, qu'il l'avait rejoint dans son combat et qu'il était devenu son biographe... Ce que j'allais apprendre faillit me faire tomber de ma chaise.

Tout de go, il m'expliqua au bout du fil que Pierrette Le Pen s'était enfuie de Montretout avec lui ; qu'il était son amant ; qu'ils s'aimaient passionnément ; qu'ils étaient poursuivis comme dans les histoires de cape et d'épée par les sbires du janissaire à un œil, l'homme au noir bandeau ; qu'elle voulait engager une procédure en divorce et qu'il lui fallait un avocat de gauche capable d'affronter « l'Ogre ». Évidemment, le goût de l'arène et de la médiatisation me fit accepter tout de suite la mission divorce. J'allai donc rencontrer Pierrette Le Pen dans un petit village du Quercy appelé Montcuq où elle demeurait terrée en compagnie du fourbe Marcilly, qui après s'être présenté comme le Joinville de Jean-Marie Le Pen devenait son Ganelon.

Une femme fort jolie, Pierrette, intelligente, remarquablement intuitive et, ce qui ne gâche rien, très drôle ! Elle était très malheureuse d'avoir dû quitter ses filles, auxquelles elle tenait ; elle m'en parlait souvent. Je crois qu'elle était arrivée à un moment de sa vie où une grande lassitude liée aux habitudes de la vie politique s'était emparée d'elle. Le fourbe de service s'en était alors servi pour lui faire croire qu'il lui offrait un monde poétique. Il se disait poète, en effet, le Marcilly ! Au passage, mais on l'ignorait, il avait été l'amant de Gloria Lasso qui racontait partout qu'il l'avait ruinée.

Trois épisodes marquèrent ce divorce épique.

Lors de l'audience dite de conciliation, il se produisit une scène comme seul Labiche aurait pu l'inventer. En raison de l'importance de l'affaire, le président du tribunal lui-même, qui n'avait aucune habitude des affaires de divorce, avait tenu à prendre l'audience de conciliation entre les époux. Va savoir pourquoi, histoire d'embêter Jean-Marie, connaissant son caractère un peu impulsif et sa détestation des impôts, je proposai au président d'ordonner une enquête fiscale pour évaluer le montant de son patrimoine, afin de bien calculer la pension alimentaire qu'on pourrait demander. C'est comme si je l'avais piqué au cul avec un dard. Il bondit de son fauteuil, je me levai, on se fit face et on s'invectiva, lui hurlant qu'il retrouvait bien là l'inquisition communiste et me reprochant de faire un « forgeage » politique. Calmement, enfin presque, je lui fis remarquer qu'on ne disait pas « forgeage » mais « forgerie », et qu'il lui fallait apprendre à parler français.

Cette petite leçon provoqua chez lui une colère énorme : il se mit à hurler, affirmant qu'on disait « forgeage », tandis que moi je soutenais qu'on disait « forgerie ». Il criait : « Vous n'allez pas m'apprendre à parler français ! » On était tous les deux debout, face-à-face, et il me paraissait très grand, je tenais bon dans la provocation grammaticale. On en serait peut-être arrivé aux mains, voire peut-être au duel, si le président, un gros lourd sous sa robe noire, ne s'était d'un coup levé et n'avait hurlé dans un dialecte incompréhensible qui ressemblait à de l'allemand un charabia qui se terminait par le mot « führer » !

Alors là, entendre ce mot accompagné d'un énorme coup de poing sur la table par un magistrat qui semblait sur le point d'exploser nous interloqua tous. Pierrette me regarda et me fit un clin d'œil en me murmurant à l'oreille : « Il vient de dire “führer” ! » Je lui répondis : « Oui, il a dit “führer” ! » Jean-Marie, encore debout, le regardait, époustouflé. L'avocat de Le Pen, M. Wagner, là encore un nom qui ne s'invente pas, un homme tout à fait remarquable et d'une courtoisie très vieille France, n'en revenait pas.

Il faut le voir pour le croire : un magistrat qui se lève face à Jean-Marie Le Pen, se met à taper du poing sur la table, jette la main en avant et hurle le mot « führer », cela devient très psychanalytique !

Il était rouge, mais rouge, notre président, au point qu'on aurait pu craindre une crise d'apoplexie judiciaire. On se rendit compte qu'il venait d'entendre le mot qu'il venait de prononcer et, soudain, par un système de communication cérébrale, dans lequel probablement beaucoup de choses s'entremêlaient, il mesura l'énormité, l'incongruité, du mot qu'il venait d'employer : « führer » !

Alors, bras ballants dans ses longues manches noires d'oiseau cassé, la tête baissée, il s'excusa en nous disant avec un accent alsacien énorme que l'émotion alourdissait : « Pardon, je suis alsacien et, quand l'émotion me prend, je me remets à parler dans le dialecte ; n'y voyez aucune allusion déplacée. J'ai voulu dire qu'ici, c'est moi le chef, le patron, donc le "führer" ! »

On avait tous du mal à ne pas éclater de rire devant ce magistrat ridicule mais au demeurant fort sympathique. Son lapsus dialectal eut le mérite de détendre l'atmosphère et de permettre à l'audience de se dérouler dans la bonhomie. Je compris alors que Jean-Marie Le Pen avait un sacré sens de l'humour, parce qu'il avait tout de suite perçu le caractère cocasse de la situation. Il m'avait même dit à son tour, à l'oreille, sur un ton de rigolade : « Le "führer", ici, c'est moi… Il se prend pour qui ? »

Le divorce poursuivit son cours fort défavorable à Pierrette Le Pen à cause de la publication des photos de *Playboy* sur lesquelles je jetterai un voile pudique, non sans avoir donné, tout de même, quelques explications nécessaires. J'ai joué un rôle tout à fait involontaire dans cette histoire impudique.

Un jour, Pierrette Le Pen m'appela, très énervée. Elle venait de lire dans un magazine frivole que Jean-Marie Le Pen lui conseillait, si elle voulait une pension alimentaire, de faire des ménages !

Elle était exaspérée par tant de mépris et voulait absolument riposter du tac au tac. En plaisantant, je lui dis qu'elle n'avait qu'à lui envoyer une photographie d'elle en soubrette ! On se quitta sur cette bêtise et le temps passa, jusqu'au jour où je reçus un coup de téléphone de Marcilly, qui avait une grande idée. Quand il avait une idée, il fallait toujours la considérer comme le pur produit du génie ! Il était à l'évidence à la manœuvre et se servait de ses relations dans le monde de la presse pour monter le coup dont je vais te parler et qui aura pour nom de code « Opération Mama » !

Il me dit que, pour faire plaisir à Pierrette, ce que je n'ai jamais cru, il avait pris contact avec ses anciens amis de *Playboy* et qu'ils étaient disposés à publier des photographies de Pierrette en soubrette…

J'ai désapprouvé pour une raison évidemment juridique : la publication de telles photos ferait à coup sûr perdre le divorce. Marcilly était ravi du mauvais tour qu'il allait pouvoir jouer à Jean-Marie Le Pen. J'ai rarement vu autant de vanité à faire cocu quelqu'un et à faire en sorte qu'on le sache ! Pierrette, un peu bêtement, je dois le dire, suivait, remontée par son compagnon qui lui faisait du bourrage de crâne. Au demeurant, l'attitude de Jean-Marie Le Pen a été tout à fait remarquable de dignité, d'humour et de distance. Il faut le lui reconnaître. C'est un emmerdeur, mais un emmerdeur qui a de la tenue.

Et voilà donc, malgré toutes mes oppositions, l'opération de photographies de Pierrette en tenue de soubrette lancée dans la plus grande clandestinité. Ce n'est peut-être pas sympa de le dire, mais la chose m'amusait beaucoup, d'autant qu'à l'époque je n'avais aucune sympathie pour Jean-Marie Le Pen, j'adhérais à toutes les critiques qu'on pouvait faire sur lui par panurgisme médiatique.

Avant que les photographies fussent prises, Pierrette fut soumise à un régime alimentaire et à l'obligation de faire du sport. Enfin, l'heure des photos sonna ! La date fatidique de la publication était prévue, et on allait voir ce qu'on allait voir. Et effectivement, on vit ce qu'il fallait voir : Pierrette nue, belle, très belle, même, en tenue de soubrette, qui faisait le ménage, plumeau à la main et dentelle en bandoulière ! C'était en quelque sorte la réponse du berger à la bergère, ou plutôt, pardon, de la bergère au berger.

Le numéro de *Playboy* s'arracha, chacun voulait avoir son exemplaire. J'en ai un, que je garde précieusement, dédicacé… Oui, dédicacé !

Les ennemis de Le Pen se ruèrent dans les kiosques et se régalèrent de ce qu'ils croyaient être son humiliation. Pas du tout : Jean-Marie tint bon et jeta tout son mépris sur Pierrette. Derrière tout cela, il y avait à la manœuvre Jean Marcilly, dont je n'ai jamais très bien compris quel but mesquin il poursuivait, quelle revanche ridicule il cherchait, et pourquoi.

Après la parution des pulpeuses photos de Pierrette qui lui ont, certes, rapporté quelques sous, il n'était plus question d'espérer gagner le divorce et encore moins obtenir une pension alimentaire, si tel était encore le terme à l'époque, je ne m'en souviens plus. Ce strip-tease ancillaire avait été le naufrage de la procédure, et Pierrette ne voyait même plus ses enfants… La situation était particulièrement triste, et l'on peut imaginer la souffrance des trois filles, séparées de leur mère et qui vivaient un véritable abandon. C'est dans ces conditions que je reçus un jour un coup de fil d'une jeune fille, qui se présenta comme Marine Le Pen. Elle voulait parler à sa mère et elle comptait sur moi pour faciliter la communication qui était rompue depuis des mois. Je parlai très vite à Pierrette de cet appel et j'insistai auprès d'elle pour qu'elle rétablisse les liens non seulement avec sa fille, mais avec ses filles, malgré l'hostilité de son compagnon au manteau noir. C'est ainsi que je fis la connaissance pour la première fois de Marine Le Pen. Nous eûmes tout au long de cette histoire de nombreuses conversations téléphoniques, et puis, après le divorce, je la perdis de vue, pour ne la retrouver que dans un débat organisé par le journal *VSD* sur la dépénalisation du haschich.

Vous commencez à comprendre que, pour la famille Le Pen, je n'étais pas étranger. J'étais même, si j'ose dire, un peu de la famille, par divorce rapporté. Je pense que l'on ne devait pas beaucoup m'aimer…

Quelques années plus tard, cette vieille histoire, dans des conditions que je te raconterai ensuite, facilita bien évidemment la rencontre politique. Avant d'en arriver là, je veux te conter un dernier épisode courtelinesque du divorce.

En quittant le domicile conjugal, Pierrette avait emporté dans ses affaires l'œil de rechange de Jean-Marie Le Pen. Elle avait cependant oublié les cendres funéraires de sa mère. Que personne ne vienne me dire que l'œil était dans la tombe…

Elle voulait m'offrir des boutons de manchette taillés dans l'œil de verre de Jean-Marie en guise de remerciements ! La chose me paraissait amusante et d'un extraordinaire snobisme de mauvais goût, mais, franchise oblige, je n'avais pas dit non… Et puis voilà que mon confrère, Maître Wagner, toujours fort aimable, me téléphona pour que je récupère auprès de ma cliente l'œil de verre de son client. Catastrophe, mes boutons de manchette se faisaient la malle.

Ne va pas croire que les choses furent simples : il fallut se livrer à un véritable travail diplomatique pour assurer la concomitance de la remise de l'œil contre celle des cendres. Finalement, entre avocats, on parvint à se faire confiance, et, sur un pont, non loin de Paris, dans un coin de forêt dérobé aux regards indiscrets, on se remit qui l'œil, qui les cendres.

Je dois dire que, plus tard, avec beaucoup d'humour, et Jean-Marie et Pierrette rirent beaucoup de la situation passée.

Et puis, comme toujours, avec beaucoup de désinvolture, le temps passa et ce furent, alors, les fourbes années Mitterrand, pendant lesquelles la France fit l'apprentissage du socialisme de parade, avec Jack Lang, les fêtes de la Musique, SOS Racisme, l'antifascisme de théâtre, comme le dit Jospin. Tout au long de cette période, je m'éloignai de ce socialisme mondain, prétentieux et bluffeur. L'idée même qu'un Bernard Tapie puisse être ministre était pour moi la destruction à la pelleteuse de toute forme d'idéal. Donc, je m'éloignai de ces farceurs et je regardai, jour après jour, petit à petit, la France se déliter, jusqu'à l'élection de Jacques Chirac, le pire de tous nos présidents.

Pendant cette période, j'avais pris conscience de la réalité de ce que j'avais pu lire dans *La nuit sera calme* de Romain Gary, qui jusqu'alors n'était qu'une lecture. Mais c'est le propre des lectures de travailler avec le temps dans l'esprit, pour ouvrir, à un moment donné, à la rencontre de la réalité correspondante. Gary avait écrit – je me dois de citer le texte, il est tellement vrai, tellement beau : « Les siècles passés pratiquaient la justice au nom des vérités fausses “de droit divin”, mais auxquelles on croyait fermement. Aujourd'hui, c'est le règne des mensonges les plus éhontés, le détournement constant de l'espoir, le mépris le plus complet de la vérité. [...] L'escroquerie idéologique intellectuelle est l'aspect le plus apparent et le plus ignoble de ce siècle ».

Eh oui, j'ai pris conscience au fil du temps et, hélas, de mes fréquentations que le socialisme est une escroquerie intellectuelle et émotive. Et la part de l'escroquerie affective, est considérable. Elle est d'autant plus grande que les socialistes se font une spécialité d'être sur Terre l'incarnation même des valeurs, leurs fameuses valeurs dont ils parlent tellement qu'on dirait des valeurs boursières. Il est vrai qu'elles les aident pas mal à se faire élire, notamment dans les banlieues. La preuve de cette escroquerie intellectuelle, l'enquêteur la trouve dans la manière dont Mitterrand a utilisé le Front national pour piéger la droite la plus lâche du monde. C'est maintenant un fait avéré : à aucun moment le FN n'a été réellement et sérieusement considéré par François Mitterrand et ses affidés comme une menace pour la République. En privé, cela les faisait bien rigoler. Trois témoignages chocs corroborent ce fait : le témoignage de Roland Dumas, le témoignage de Pierre Joxe et, enfin, celui de Jospin. Et bien d'autres témoignages moins somptueux mais tout aussi efficaces.

En même temps, si j'ose encore employer cette expression devenue prostitutionnelle, je prenais conscience d'« un déchaînement matérialiste annihilateur de tout ce qui fut français depuis Montaigne » (Romain Gary). Oui, « la France, c'était du fait à la main, à tous les points de vue, dans tous les domaines, patiemment, avec le respect de la qualité et de l'œuvre » (Gary encore). J'ai vu disparaître sous mes yeux une façon de vivre et de penser, une Europe bureau-technocratique s'imposer à nous et détruire toutes nos fibres historiques, nos références, voire notre langue. J'ai vu une Europe imposer une idéologie venue d'Amérique par le truchement de lobbies de plus en plus puissants, faire régner une dictature des minorités tout en manifestant une hostilité à l'égard de l'héritage judéo-chrétien jusqu'à bannir le mot « Noël » et les mots « père » et « mère » de son vocabulaire.

— Tu constates que, comme saint Joseph, le grand maître du silence, je t'écoute sans t'interrompre. Tout ce que tu dis me convient, tellement nous sommes persuadés dans notre retraite d'observer la fin d'un monde. Mais ne crains-tu pas que l'on te traite de réactionnaire, voire de rétrograde, voire de nostalgique… ?

— Mais je m'en fous complètement. Je serais même très flatté que l'on me traitât de réactionnaire, de nostalgique ! Vu l'état du monde aujourd'hui, je préfère de loin que l'on considère qu'il ne me plaît point.

Excuse-moi, mais je me réfère encore à mon grand auteur, le plus français des Français d'ailleurs : Romain Gary ! On lui reprochait d'être rétrograde. Écoute ce qu'il répondait à son accusateur en rétrogradation :

« Le plus grand progrès que l'humanité ait connu eut lieu lorsque le Moyen Âge a découvert le passé : il a découvert l'Antiquité, la Grèce, et c'est ainsi qu'il s'est ouvert sur l'avenir… S'imaginer qu'en cinq mille ans d'œuvres aucune racine permanente n'a été plantée, c'est d'une rare imbécillité… Les mains françaises, c'était vraiment une civilisation jusqu'à ce qu'il leur soit venu des poches. »

Eh oui, j'adhère à l'analyse de Romain Gary, et, depuis 1974, les choses se sont dramatiquement aggravées et je crois que « nous allons vers la merde, mais je ne sais pas encore en quelle compagnie », comme il aimait à le dire. Nous, cette compagnie, hélas, nous la connaissons : elle porte l'horrible nom d'islamisme radical et de terrorisme ; elle porte le maléfique nom d'islamo-gauchisme. Je me suis alors rendu à cette évidence que le vieux Le Pen avait été le premier à avoir raison, sous les huées et les crachats qu'il avait du reste souvent cherchés ! Je me le disais en moi-même, et je me gardais bien de faire des confidences par crainte des représailles morales de mes camarades. Il n'y a pas d'église plus sectaire que l'église de gauche, elle n'autorise les reniements que lorsqu'ils sont portés par l'intérêt politique ou la place à conserver à tout prix. Dans le jargon, on nomme cela la « Valls » ! Là, les choses peuvent se comprendre. Si le retournement est commandé par des considérations philosophiques, métaphysiques, morales – en un mot, honnêtes –, cela devient inacceptable.

Plus les choses allaient, plus je détestais les hypocrites de gauche dont je voyais la réalité à travers toutes les simagrées humanitaires, tricheuses, dont ils étaient capables. En un mot, je n'étais plus du tout de gauche, et j'avais même du mépris pour cette caste immonde de socialistes marseillais. Je parle d'une époque où régnaient les Guérini, les Pezet, le parricide de Gaston Defferre… Je gardai cependant des amitiés avec quelques membres du Parti communiste dont j'appréciais l'authenticité et qui se désolaient, tout comme moi, de voir la France devenir l'orphelinat de son passé.

Les choses en étaient là, purement métaphysiques. Mon métier m'accaparait et je n'avais pas le temps de songer à la politique. Il devenait, certes, de moins en moins intéressant, ce vieux métier, au fur et à mesure que le public perdait de sa qualité ; j'entends par public la magistrature, car les magistrats sont notre public désigné, imposé, payé pour nous écouter, quand il nous écoute… J'ai dû faire le constat, tristement, que la qualité du public avait beaucoup baissé. Il n'y avait plus ces grands magistrats qui, par leur culture, par leur humanisme, donnaient à la plaidoirie qu'ils recevaient une réception intelligente. De plus en plus, on avait affaire à des technocrates froids, bureaucratiques et qui transformaient la justice en guichet.

C'est dans cet état d'esprit que je reçus un jour un coup de téléphone d'une connaissance, Michel Thooris, sans doute envoyé en mission, qui me proposa de rencontrer Marine Le Pen. À l'époque, il y avait encore Jean-Marie et je n'avais aucune sympathie pour les propos qu'il avait pu tenir.

Je n'avais donc nullement envie de me rapprocher du borgne, même si j'avais grande admiration pour ses talents d'orateur. Car il est sans aucun doute l'un des derniers grands tribuns politiques avec, bien en dessous, Mélenchon et, maintenant, Éric Zemmour qui peut l'égaler.

J'acceptai la rencontre pour une raison. Une seule raison : je suis curieux et aventureux… Je savais parfaitement que j'étais pour Marine Le Pen un gibier médiatique de premier choix au moment où elle prenait la tête du FN dont son père lui avait fait cadeau. En ce temps-là, *in illo tempore*, il n'y avait pas grand-monde de la société civile et de supposé civilisé au regard de la diabolisation dont souffrait, très injustement du reste, le mouvement. J'étais donc, si j'acceptais de rejoindre Marine, comme on l'appelle, le premier élément de décontamination, de dédiabolisation. Je n'étais pas dupe du jeu, qui me paraissait normal. Je ne savais pas du tout ce que j'allais faire. En revanche, je savais ce que je risquais de prendre sur le coin de la gueule si j'acceptais.

On s'était retrouvé dans un restaurant, non loin des Champs-Élysées, avenue Victor Hugo ; il y avait Marine et Louis Aliot. Louis, qui allait devenir Loulou, l'ami de tout le monde, le copain des vestiaires qui sait jouer de la manière droit au but. Je ne le connaissais pas, il me fit très bonne impression avec son côté droit dans ses chaussures à crampons de rugbyman. Marine était très sympathique, courageuse, et elle me donnait réellement l'impression de vouloir mener un combat pour la France. Elle avait parfaitement compris que j'étais désespéré de l'état du pays. Elle me demanda, tout simplement, de la rejoindre. Il est clair que si Jean-Marie Le Pen avait toujours été à la tête du mouvement, je n'aurais jamais accepté de m'en approcher. Je reconnaissais le courage, le talent, le prophétisme du personnage, mais ses provocations langagières répréhensibles étaient pour moi inacceptables. Ma bonne conscience était rassurée puisqu'il ne présidait plus aux destinées du mouvement. Qu'allais-je faire ?

J'avais un cabinet d'avocat qui fonctionnait très bien ; je passais dans les médias quand je voulais ; en toute modestie, je ne me voyais dans le prétoire aucun concurrent oratoire, certainement pas la grosse caisse de Dupont-Moretti. Comme je l'ai déjà dit plus haut, je m'ennuyais, le métier n'étant plus ce qu'il était et les magistrats n'étant plus ce qu'ils furent. Tout était, tout est, dérangé ! Ce qui, au passage, signifiait déjà pour Chateaubriand un signe annonciateur de troubles prochains : « À cette époque, tout était dérangé dans les esprits et dans les mœurs, symptôme d'une révolution prochaine. »

Qu'allais-je faire dans cette galère ? Et pourtant, j'y allais… Plusieurs ingrédients entraient dans le moteur. D'abord, le goût de la provocation, l'envie de déranger ; en une phrase, d'être là où l'on ne m'attend pas. Ce n'est peut-être pas glorieux, mais c'est vrai ! C'est l'anar de droite qui veille en moi, sans doute. Emmerder les bien-pensants m'a toujours fait plaisir, et là, j'allais être servi.

Ensuite, j'avais le sentiment, et j'ai toujours l'impression, que la France est en train de vivre ses dernières heures. Je croyais, et je crois qu'on peut encore la sauver, ne serait-ce qu'en ne jouant pas le jeu de toutes les connivences et de tous les mensonges, dans le respect évidemment. Le Front national présidé par Marine Le Pen et non plus par son diabolique père, tellement original cependant, semblait le dernier refuge du courage et de la volonté de se battre. C'est pourquoi j'acceptai de franchir le pas. À partir de ce moment-là, que de combats difficiles il faudra mener ! Contre toute attente, je fus élu à l'Assemblée nationale avec Marion Maréchal. Malheureusement, et fort injustement, Marine ne fut pas élue députée : cet échec aura des conséquences graves sur la psychologie de la candidate en la repliant sur le Parlement européen et, malheureusement, géographiquement et physiquement sous l'influence de Philippot, lequel fut un désastre, non pas tant sur le plan des idées politiques que sur l'atmosphère du mouvement. Il constitua autour de Marine une espèce de cour agitée, apportant tous les dimanches les petits gâteaux dans un mignon petit carton enrubanné. Une cour qui avait ses favoris, dont la chance ne dépendait que de lui. Il faisait, comme on dit, la pluie et le beau temps. Je m'en foutais complètement, ayant mon parapluie personnel, ne craignant de ce fait ni la pluie ni le beau temps, même avec ses grosses chaleurs. Il a été l'artisan de toutes les divisions et de toutes les rancœurs accumulées contre Marine Le Pen par des fidèles qui ont été maltraités à cause de lui et qui sont partis, la plupart étant d'anciens militants méritants mais qui avaient le tort d'appartenir à l'ancienne école, celle où il n'y avait que des coups à prendre. Dommage que Marine ait laissé faire cela par faiblesse à l'égard des courtisans et courtisanes ! Dommage qu'elle soit si soumise aux changements d'humeur ; à la versatilité ; et à des reconnaissances oublieuses ! J'en ai connu, des narcissiquement malades, et ce n'est pas l'hôpital qui se fout de la charité, crois-moi, mais Florian Philippot est atteint d'une véritable maladie de peau narcissique qui le gratte furieusement s'il n'apparaît pas dans les médias, si l'on ne parle pas de lui. On est tous, plus ou moins, comme cela, mais là, avec le personnage, on atteint des proportions qui auraient étonné Néron lui-même. Il est épris de lui-même ! Un fou du nombril ! S'il avait été contrôlé, cela aurait été supportable, mais il faisait tout ce qu'il voulait. On n'était pas très nombreux à le critiquer ouvertement à l'époque, il y avait Louis Aliot et moi, et, en coulisses, Nicolas Bay et beaucoup d'autres dont je ne citerai pas les noms par discrétion charitable.

De toute manière, cela ne servait strictement à rien, Marine étant têtue comme une mule bretonne, s'il existe des mules en Bretagne, ce que j'ignore. Philippot voulait installer son petit pouvoir sur toutes les fédérations en plaçant ses adulateurs ici et là, ce qui eut pour conséquence de faire partir les anciens qui tenaient la boutique depuis des années et qui, en même temps, avaient su tisser des liens un peu partout. D'un coup, tous ces liens se détendirent et l'organisation du mouvement en souffrit beaucoup.

— D'accord, tout cela est bien beau, mais j'ai l'impression que c'est la cuisine de tous les partis politiques, plus ou moins. Ce qui m'intéresse, moi, c'est l'échec de ce fameux débat. Je l'ai regardé et je n'ai toujours pas compris : que s'est-il réellement passé ?

Comment une candidate intelligente, préparée, a-t-elle pu à ce point rater le virage et partir dans le décor médiatique ?

Je concède volontiers qu'on a surinterprété, afin de lui nuire, l'échec de sa prestation. De l'autre côté, Macron n'a pas été extraordinaire, mais plutôt très ordinaire. Si ta présidente, au lieu d'être dans la préparation immédiate de sa réponse, donc très peu concentrée sur les phrases et les mots employés par son adversaire, avait porté toute son attention sur ce qu'il disait, quelle fortune elle aurait pu en tirer…

Nous sommes formés à l'école de saint Thomas d'Aquin et de Platon, nous avons donc une grande habitude du discours. En général, l'adversaire nous donne dans ce qu'il dit, si on sait l'écouter, de quoi le réduire en miettes de mots. Nous avons repris dans un de nos ateliers de réflexion rhétorique l'étude du script du débat. Macron a proféré des choses énormes, idiotes, qui, mises en évidence, l'auraient ridiculisé. Mais qu'a-t-il bien pu se passer pour qu'une conductrice aussi aguerrie des circuits de compétition politique perde les pédales et percute le décor ?

— Tu penses bien qu'on m'a posé la question des centaines de fois.

Il y a forcément plusieurs raisons, et une seule déterminante que je ne connais pas, mais que je ne peux que supputer… Allons voir, si tu veux bien, les raisons les plus apparentes. Le stress ? Il existe bien évidemment pour tous les candidats, quels qu'ils soient. Aucun, sauf à être complètement anormal ou inconscient, ne peut échapper à la dure loi dite du stress qu'on appelait autrefois le trac. Tu connais l'histoire racontée par Sarah Bernhardt ? Non ? Eh bien, je vais te la raconter.

Un jour, une jeune comédienne lui demanda si, avant d'entrer en scène, elle avait le trac. Sarah Bernhardt répondit : « Oui ! »

La jeune comédienne prétentieuse de lui dire : « Moi, non ! » Alors, la vieille comédienne qui boitait lui dit : « Ne vous inquiétez pas, quand vous aurez du talent, vous aurez le trac. »

Le stress existe, il est là, il ronge, mais l'apprentissage du métier, c'est d'abord et avant tout d'apprendre à dominer cette petite panique.

Je suis persuadé que Marine Le Pen, depuis qu'elle fait des débats, a appris à dominer cette angoisse que tout orateur connaît, sauf les mauvais.

L'impréparation ? Certainement pas ! D'abord parce que la préparation se fait d'elle-même tout au long des interventions médiatiques, des meetings, des discours, des réunions, des conférences de presse qui jalonnent une élection présidentielle. Ensuite parce que la préparation relève de la formation continue, si je puis dire. Aucun candidat qui participe à un débat pour l'élection présidentielle n'est impréparé. Ce serait comme sauter à l'élastique sans élastique !

Si quelqu'un est bien placé pour savoir que la candidate avait été bien préparée, c'est moi ! Malheureusement, et je ne sais ce qui s'est passé, aucune des consignes qui avaient été données lors du discrétoire que je vais te raconter n'a été suivie. Pourquoi ? Je n'en sais rien.

S'il est un homme politique que j'apprécie pour son honnêteté intellectuelle, sa vaste culture, c'est bien Henri Guaino, orateur magnifique, lyrique, doué, en outre d'une intransigeance digne d'un ancien Romain. J'avais sympathisé avec lui à l'Assemblée nationale sur le fondement de la seule estime ; cela compte encore un peu ! Il avait accepté de m'accompagner au nouveau domicile de Marine pour préparer le débat avec elle. Il avait accepté de nous apporter cette aide pour une raison uniquement patriotique : il considérait, et il me l'avait dit, que Macron représentait un danger politique pour le pays. Si le secret avait été gardé, je n'en parlerais pas. Malheureusement, dans notre époque d'esbroufeurs médiatiques, il est quasiment impossible de préserver un secret. Alors, comme la rencontre préparatoire s'est ébruitée, que l'on en a déjà parlé dans les médias, souvent pour dire n'importe quoi, je vais te la raconter.

Henri Guaino et moi nous sommes engouffrés dans un taxi garé non loin des Deux Magots, juste devant l'église Saint-Germain-des-Prés, dans le Quartier latin.

Marine nous attendait, plutôt détendue, souriante et sûre d'elle-même. Elle donnait l'impression d'être très concentrée et rien ne pouvait laisser présager l'éboulement du soir…

Henri Guaino, fort de son expérience, lui a donné des conseils très précis, qu'elle ne suivra absolument pas pendant le débat : avoir le moins de notes possible, pratiquer l'ironie, surtout bien écouter et piéger Macron sur ce qu'il dit, l'infantiliser en se présentant un peu comme la mère fouettard car il a un problème de ce côté-là, ne pas se laisser enfermer dans le débat économique qu'il maîtrise sur le bout du doigt, ne jamais lui laisser adopter un ton péremptoire sans le remettre aussitôt à sa place. Et surtout, surtout, ne pas oublier qu'un débat, c'est une partie de ping-pong et que, pour bien jouer, il faut regarder tout le temps la balle, savoir où elle va et comment la renvoyer. Ici, la balle de ping-pong, ce sont les mots ! Quand on est bien préparé, ce qui était réellement le cas, il faut prendre le risque de l'improvisation pour choper au vol le mot qu'on peut retourner.

Un exemple, quand Giscard dit à Mitterrand « Vous n'avez pas le monopole du cœur ! », Mitterrand reste coi alors qu'il aurait dû lui répondre : « Même pour parler du cœur, il faut que vous employiez un mot de la finance : "monopole" ! » « Des occasions comme celle-là, lui dit Guaino, Macron va vous en offrir des dizaines ; ne vous concentrez pas sur ce que vous allez dire – ce que vous allez dire, vous le savez –, en revanche, concentrez-vous sur ce qu'il va dire, il tendra le bâton pour se faire battre ! »

Je me régalais, c'était toute la rhétorique de Perelman, mon maître. Patatras ! De tous ces conseils, le soir fatidique, aucun ne fut suivi. Pourquoi ? Depuis, je me pose la question et je n'ai aucune réponse. La fatigue bien sûr a joué un rôle important : jamais campagne ne fut aussi mal gérée sur le plan de la dépense d'énergie de la candidate. Avec dévouement, Marine allait partout où les stratèges l'envoyaient, accumulant les interventions radiophoniques et télévisées, se fatiguant pour des choses inutiles et futiles, gaspillant une énergie précieuse. Je n'ai jamais vu une candidate s'épuiser autant pour rien, aller et venir pour rien, se déplacer un peu partout pour rien et se rendre la veille ou l'avant-veille du débat à une réunion nocturne dans un coin perdu de Paris où il devait y avoir à tout casser cinquante personnes. Allez comprendre ! Un débat, c'est aussi de l'énergie concentrée, et, le jour J, l'énergie n'était plus là !

La présidente ne fut pas à la hauteur, elle en convint elle-même avec beaucoup d'honnêteté et de modestie. Mais Macron ne fut pas non plus un athlète, loin de là : petit bras, petites phrases, petite diction, petites idées… Après réflexion, une fois la tempête du désert médiatique passée, on se dit entre nous que si Marine avait paru si mauvaise, c'est bien parce que Macron avait été très mauvais. Je me rappelle avec émotion ce que m'apprenait mon maître d'armes à l'époque où je faisais régulièrement du sabre, dans une vieille salle d'escrime du boulevard Baille à Marseille : « À l'époque des duels, il n'y avait rien de plus terrible que d'affronter un adversaire qui ne connaissait rien à l'escrime ; c'était les duellistes les plus dangereux parce qu'ils allaient dans tous les sens, ne respectant aucune règle, faisant n'importe quoi en donnant l'impression de savoir faire. » C'est exactement ce que fit Macron, allant dans tous les sens, sautant du coq à l'âne, pour finalement se retrouver à sa propre place, celle de l'âne, mais dont les ruades avaient fait mal.

Peu importe les commentaires, gentils ou méchants, bien intentionnés ou malintentionnés. Ici, la fiction rejoint la réalité ou, plus précisément, fait cause commune avec elle : la réalité fut que Marine ne se montra pas au mieux de sa forme ; la fiction, c'est que le débat fut catastrophique et qu'elle fut ridicule. Avec plaisir, les journalistes se sont vautrés dans des commentaires dévastateurs et sans fin. L'aubaine était trop belle. Malheureusement, il en est resté des traces dans l'opinion, et pas un jour, ni sur un marché, ni dans une boutique, ni dans une réunion, ni dans un tête à tête, on ne nous parlait du débat raté ! Le dernier bègue du dernier verre dans le dernier bistrot aurait mieux fait qu'elle…

Autant dire qu'elle a eu beaucoup de mérite de remonter sur le ring, et l'on attend avec impatience le match retour… s'il y a match retour.

Mais maintenant, en plus, il y a Zemmour qui brûle de monter lui aussi sur le ring et de mettre les gants pour casser à coup de mots la figure de style scolaire de Macron. Je suis lié à Zemmour par une vieille amitié fondamentalement intellectuelle et une passion commune : l'Histoire ; je suis lié à Marine par une vieille amitié qui s'est un peu distendue en raison même de son entourage, de l'éloignement dû à la pandémie, de mon caractère difficile, aussi, et de son peu de goût pour la reconnaissance des services rendus. N'a-t-elle pas dit à ma fille : « Toi et moi, nous avons un point commun, nous avons les pères qui font un concours pour savoir celui qui fera le plus chier le monde » ? J'ai trouvé cette réflexion fort affectueuse et non dénuée de vérité…

Je suis aussi lié par un lien qui tiendra tant que le sentiment de mon utilité ne sera pas devenu inutile ! Ce qui peut toujours arriver… L'important étant la France et celui qui peut la mieux « servir » !

— Je t'ai écouté sans dire un mot, d'abord parce que ce que tu me racontes est tout à fait passionnant, qu'ensuite l'écoute est une politesse que l'on doit à l'homme qui parle.

Quand même, toutes ces querelles politiques dans le même camp parce que, à quelques différences minuscules près, qui sont du reste beaucoup plus des différences de ton que des séparations de fond, vous êtes dans le même camp nationaliste, souverainiste et patriote ! Pourquoi vous diviser ? On sait, depuis que Jules César l'a écrit dans *La Guerre des Gaules*, que l'un des facteurs de sa victoire a été la division des Gaulois. Certes, Macron n'est pas Jules César, tant s'en faut, mais les divisions existent qui peuvent l'aider. Alors pourquoi ne pas faire de l'intérêt de la France une priorité sur les ego conquérants des chefs de partis ?

— Parce que la nature humaine est ainsi faite qu'il faut des circonstances exceptionnelles ; et encore, pour que l'ego s'efface devant l'intérêt général, il n'y avait que la monarchie qui était capable de faire cela, parce que l'intérêt général, c'était aussi, il faut égoïstement le reconnaître, l'intérêt du monarque. Depuis que résonne le son de l'urne au fond du moi, il n'y a plus que la petite victoire personnelle qui compte, avec d'abord et avant tout l'intérêt du parti, de ses membres qui espèrent des places, de ministres, de députés, de sénateurs, de quelque chose, même de n'importe quoi ! C'est la démocratie ! Il se trouve qu'on n'a pas trouvé mieux… même pour imposer une dictature légale, approuvée dans les formes disciplinaires de l'obéissance parlementaire d'une majorité soumise.

Que faire, comme aurait dit Lénine ?

Je crois à la force des choses, ce concept magique inventé par Saint-Just, sans lequel la Révolution n'aurait pu continuer son chemin, et qui exprime la puissance mentale d'un peuple en colère : cela met du temps, mais cela arrive, et souvent de très loin, au commencement sans bruit et à la fin avec fracas.

— Ta force des choses, c'est un peu ton Saint-Esprit historique, en quelque sorte ?

— Si tu veux, sauf que le Saint-Esprit fait rarement du mal, alors que la force des choses peut provoquer des horreurs, comme la terreur, par exemple. Bon, il y a bien eu la Sainte Inquisition, qui n'avait rien de saint mais tout de démoniaque.

En réalité, pour l'explication des grands événements – la Révolution, par exemple –, une fois que l'on a collecté l'embrouillamini de toutes les explications, il en demeure deux maîtresses absolues du temps : la première, chère à Joseph de Maistre, tient dans l'action du diable ; la seconde, chère à Saint-Just, tient à l'œuvre de la force des choses. Tu me diras, une manière comme une autre d'avouer que l'on n'y comprend rien quand soudain le peuple paisible s'énerve à force d'être emmerdé.

Si l'on dit aujourd'hui que le diable est à l'œuvre, on risque fort de faire rire tout le parterre d'un rire diabolique. À moins que le diable, ce ne soit l'inconscient malade d'une époque ? Il existe un vrai malaise dans la civilisation ! Si ce n'est pas le diable qui dérègle tout, alors la force des choses, peut-être ? Ou alors, ce qu'on appelle, dans le jargon de la sociologie, la saturation, ce qui en d'autres termes plus populaires se traduit par « ras-le-bol » ! On peut aussi parler du ressentiment qui est à l'œuvre, comme le démontre si bien Marc Ferro [9] : un ressentiment revendicateur à l'égard des juges, des journalistes, des parlementaires, des ministres, du Président, des politiciens en général, des élections, des fonctionnaires, de l'Union européenne, cette usine à lobbies. Que sortira-t-il de tout cela ? Du bruit et de la fureur et, sans aucun doute, une révolution réactionnaire, à un moment donné ou à un autre, qu'il faudra essayer de contrôler pour qu'elle n'aille

9. *Histoire de France*, Éditions Odile Jacob, 2018.

pas, comme toujours, dans les excès. Même si, aujourd'hui, tout est verrouillé par la finance, qui a su démultiplier ses ramifications de telle manière que, même dans ses cauchemars les plus fous, Marx n'aurait pu l'imaginer aussi puissante. Là, point d'idées, d'idéaux, d'humanisme… Que du fric !

On assiste à une concentration des pouvoirs entre les mains de quelques-uns qui, sous toutes les formes que ces pouvoirs représentent, se les passent et se les repassent. Il suffit pour s'en convaincre de faire une petite étude topologique, suivre à la loupe le parcours d'un individu donné à sa sortie de l'ENA ou d'une autre grande école répertoriée par le système, et l'on verra qu'il n'est jamais chômeur, glissant sur une douce pente sous le soleil, d'un poste à un autre, souvent dans la plus grande discrétion. Aucune place importante dans l'administration, dans la banque, dans les grands corps de l'État, dans la finance nationale et internationale ne lui est refusée ! Amuse-toi à prendre, au hasard, le nom d'un quelconque directeur de cabinet et tu verras son parcours mirifique jamais arrêté par aucune embûche, ni aucune difficulté, ni aucun vent contraire. L'entraide est comme divine. On a l'impression qu'un code secret fonctionne pour assurer à ces fonctionnaires, quoi qu'il arrive, la pérennité de la fonction. Et dire qu'on a prétendument aboli les privilèges un beau 4 août ! Mon œil… Rien n'est à l'œil !

Cette méthode « philanthropique » des souteneurs fait que le système tient bon par l'assistance, le dépannage et, comme dans la mafia, par le rôle des parrains : chacun sait que, tant que le système dure, lui-même pourra durer. C'est une loi non écrite de la République, mais les serviteurs qui se servent ne sont jamais abandonnés au triste sort des oripeaux républicains. Aujourd'hui, tout ce mal s'est aggravé par le fait que des chefs d'État se sont peut-être mis au service d'intérêts privés : les laboratoires pharmaceutiques, par exemple ! Il existe une véritable mafia de l'argent au service d'intérêts privés.

Toute cette corruption est possible parce qu'il n'existe pas de réel contre-pouvoir indépendant. L'urgence est donc à la création de contre-pouvoirs libres, d'une liberté vraie et non pas d'une liberté d'apparence, c'est-à-dire qui ne tiennent jamais leur nomination du pouvoir politique mais de l'électorat seul. Ce pays ne respirera de nouveau l'air de la démocratie que quand il y aura des contre-pouvoirs à l'action rapide et efficace contre tous les abus de l'administration, de tous ces petits pouvoirs attribués à des petits chefs petitement vindicatifs mais terriblement pernicieux.

La renaissance de la démocratie, si tant est qu'il n'y ait jamais eu naissance réelle, passera par la création révolutionnaire au sens le plus noble du terme de véritables contre-pouvoirs. Aujourd'hui, tout est fait pour qu'il y ait les apparences des contre-pouvoirs, mais il n'y a pas de réel contre-pouvoir. Il suffit pour s'en convaincre d'examiner le processus de nomination dans les principaux corps de l'État pour se rendre compte que le pouvoir maîtrise tout par le biais des nominations. Vieil adage : qui paye les musiciens choisit la musique !

Qui nomme le président du Conseil d'État ? Qui nomme le Défenseur des droits ? Qui nomme le président du Conseil constitutionnel ? Qui nomme les procureurs, les procureurs généraux ? Qui nomme le président de la Haute Autorité pour la transparence de la vie publique ? Qui nomme les hauts fonctionnaires ? Qui nomme les préfets ? Qui nomme le président du Conseil supérieur de l'audiovisuel ? Qui nomme le directeur général de l'agence régionale de santé ? Qui nomme le président de la Cour des comptes ? Qui nomme ? Qui nomme ? Il s'agit là, à quelques différences près, des organes qui ont aussi pour mission de contrôler le bon fonctionnement de la démocratie. À tous ces postes recherchés, qui nomme ? Le pouvoir ! Ici s'applique le principe on n'est jamais si bien servi que par soi-même ! Le rôle du président de la République est prépondérant, voire monarchique : il s'oppose à l'idée même de séparation des pouvoirs dans une conception moderne. Si l'on veut entrer dans une démocratie digne de l'évolution historique, il faut organiser une nouvelle théorie de la séparation des pouvoirs dans laquelle les grandes institutions ne fonctionneraient plus par dépendance et partage de puissance du même centre qu'est le pouvoir du moment. Il faut mettre fin à ce fonctionnement par cercles concentriques dans lesquels tout le monde se retrouve, tout le monde se rend service, tout le monde se coopte [10].

10. *Conflits d'intérêts*, Paul Cassia, Éditions Odile Jacob, 2014.

Dans ce contexte, on peut toujours rêver de mettre fin au conflit d'intérêts, les intérêts étant communs puisqu'ils sont de caste. En Union soviétique, on appelait cela la nomenklatura ; en France, on peut appeler cette chose la « technoklatura », la principale fabrique étant l'ENA. Les preuves de la complaisance du pouvoir résident dans la compétence de surveillance de ce qu'on appelle, d'un terme pompeux et stratosphérique, la Haute Autorité ! Elle a un champ de contrôle volontairement incomplet. Comme Tartuffe, elle demande souvent que l'on cache ce sein qu'elle ne saurait voir ! Pourquoi les membres du Conseil constitutionnel, pourquoi les fonctionnaires, en particulier ceux qui exercent une activité accessoire, pourquoi les magistrats, les procureurs, enfin tout détenteur de pouvoir, ne seraient-ils pas soumis au contrôle de la Haute Autorité ? C'est pourtant là que, tous les jours, dans les plus petites décisions, la corruption, que l'on pourrait qualifier de petite corruption – les services rendus –, mais qui n'en est pas moins terrible, vient pourrir la vie des citoyens.

La règle à respecter serait que chaque pouvoir puisse contrôler l'autre en conservant sa propre liberté, son indépendance ! Comme l'écrit Paul Cassia dans son ouvrage *Conflits d'intérêts, les liaisons dangereuses de la République* (éditions Odile Jacob), « en France, la séparation des pouvoirs n'existe que sur le papier ».

Quand on pense que l'on a en France un parquet – c'est-à-dire l'ensemble des procureurs –

qui est nommé par le pouvoir, ce dernier n'étant pas obligé de suivre l'avis du Conseil supérieur de la magistrature, que ces procureurs dépendants nommés par le pouvoir se retrouvent sous l'autorité du ministre de la Justice alors même que chaque petit procureur de province détient entre ses mains cette arme redoutable et éliminatrice qui s'appelle « l'opportunité des poursuites »… En un mot, le proc poursuit qui il veut, emmerde qui il veut, renvoie devant le tribunal qui il veut… et il est nommé par le pouvoir !

Tout cela n'est pas normal mais semble tout à fait normal dans cette démocratie d'apparence. Est-il normal, par exemple, que les informations sensibles remontent à la direction des affaires criminelles et des grâces via le parquet ? Est-il sain que des magistrats œuvrent auprès de ministres dans des postes importants et se retrouvent ensuite, une fois passé le temps d'une autre élection, dans une juridiction où ils occupent un poste très important ? Jamais un magistrat ne devrait frayer dans un ministère ! Où est l'indépendance d'un juge, d'un procureur, d'un procureur général, d'un premier président qui a été au service d'un ministre de la Justice, d'un ministre de l'Intérieur, pendant plusieurs années ? Foutaises ! Tu parles d'une indépendance ! D'autant que celui qui a profité d'une place dans un ministère rêve d'y retourner. Ce qu'un homme ou une femme ne ferait pas pour le pouvoir et le tintement de la breloque ! Tout cela fait qu'on est dans une République du pendentif !

— Mon Dieu, que tout cela est triste ! Ne va pas croire que dans notre monde retiré on n'est pas très au courant de toutes ces misères, l'homme est l'homme, et, quel que soit le régime politique, il a besoin d'avoir des limites, des surveillants, des contrôles, et c'est une banalité de dire que tout homme qui a du pouvoir est porté à en abuser. Tu pourrais même ajouter que plus le pouvoir est petit, médiocre, plus le détenteur est tenté d'en abuser pour se donner une importance que même le pouvoir qu'on lui confie ne lui confère pas. En abuser et en profiter ! Il existe beaucoup de profiteurs du pouvoir, petit ou grand. De toute manière, comme le disait ce cher Bossuet, pour grands qu'ils sont, ils ne seront jamais plus grands que leur cercueil !

Enfin, il est tout de même étonnant que la démocratie, avec son expérience, n'ait pas pris toutes les dispositions pour organiser une séparation des pouvoirs internes et externes. C'est donc bien qu'elle ne le veut pas parce qu'elle y trouve un profit pour les profiteurs, et Dieu sait qu'ils sont nombreux dans le système !

L'idée de base, ce serait finalement que chacun respecte cette « honnêteté ordinaire » dont parlait Orwell et qui, aujourd'hui, fait grandement défaut. Une sorte de « décence commune » !

Puis-je avoir le dernier mot du moine ? Si on pensait un peu plus aux conflits d'intérêts d'en haut, on commettrait un peu moins de conflits d'intérêts d'en bas…

Avant que l'on se quitte, je voudrais, du fond de ma retraite monacale, laquelle ne m'empêche pas d'être très au courant, te donner quelques modestes avis, les conseils n'étant jamais suivis. Quand on vous regarde, vous autres du monde, vous agiter, on est pris de pitié : comment pouvez-vous continuer à aller dans un monde aussi fou ? Essaye, mon ami, si tu le peux, de t'arracher au systématisme moderne : tout, aujourd'hui, est système ; il n'existe plus d'originalité mais une répétitivité systématique. Le temps passe, et vous avez perdu la conscience de chaque temps qui s'écoule ; tout va vite, très vite, trop vite ; la folie d'agir se passe de la nécessité de réfléchir. La preuve, on vous demande une réaction un quart d'heure après l'événement. Quelle réflexion peut-il y avoir ? Aucune. On pourrait résumer tout cela d'une formule lapidaire : tout fout le camp ! On vit une époque dramatique, où les vrais procès contradictoires n'existent plus. Une forme administrative s'est imposée partout, et même dans la justice.

Dans quel état est le langage ? Les mots ont perdu leur sens, et nous sommes prisonniers de l'emprise d'un mauvais langage. Le résultat, c'est le chaos de la pensée contemporaine. Que faire ? D'abord, relire Aristote ; ensuite, marcher pour réfléchir ; enfin, aller « en ricanant dans le chemin de le vérité »[11]. Et puis, cultiver l'espérance dans une société qui désespère.

Permets-moi de te demander, d'être un porteur d'espérance… Ce dont la France a le plus besoin aujourd'hui, c'est d'espérance !

11. Voltaire.